ORIGAMI

pliages en papier pour grands et petits

Édition du Club France Loisirs, Paris,
avec l'autorisation des Editions Fleurus

Textes de Zülal Aytüre-Scheele
Photos Fotostudio Burock/Studio Peter Borsche
Traduction de Aude de Parseval
Édition originale parue en Allemagne sous le titre
Hobby-Origami : Papierfalten für groß und klein

ISBN 3-8068-0756-6

ISBN 2-7242-3182-1

Imprimé en Italie par TIPOLITOGRAFIA G. CANALE & C. S.p.A. Turin en mars 1987.
N° d'éditeur 11976
Dépôt légal février 1987

ORIGAMI

pliages en papier pour grands et petits

Zülal Aytüre-Scheele

Traduction Aude de Parseval
Photos Fotostudio Burock

FRANCE LOISIRS

123, boulevard de Grenelle, Paris

Sommaire

Introduction

L'Origami est un art japonais millénaire du papier plié. Il fut d'abord un agréable loisir à la cour de l'empereur du Japon puis, au fil des siècles, il se répandit dans tout le pays. Activité populaire toujours vivante et très aimée par les petits comme par les grands, l'Origami est devenu maintenant un art international.

Construisez, sans aucun autre accessoire que des papiers multicolores, des figures artistiques d'animaux, de masques, de fleurs, etc. ! Quel plaisir de voir se transformer en superbe fleur ou en animal bariolé une simple feuille de papier pliée !

L'Origami demande un peu de concentration et d'imagination, il exerce en outre l'agilité des doigts.

L'Origami a aussi ses applications pratiques : mobiles pour chambres d'enfants, élégants bouquets de fleurs, décorations diverses... Des masques personnalisés de carnaval sont également très amusants à réaliser.

Dans ce livre, sont proposées 38 figures d'Origami typiques que l'on confectionnera à partir de sept modèles de base.

Bonne chance, partez à la découverte de l'Origami !

Zülal Aytüre-Scheele

Papiers pour Origami

On trouve au Japon une grande variété de papiers d'Origami : uni ou bicolore, imprimé sur l'une ou les deux faces, en grand format à découper ou en petit format pour une réalisation immédiate du modèle voulu. De même, il existe différentes épaisseurs et qualités de papiers.

Heureusement, il n'est pas nécessaire d'aller au Japon pour obtenir du vrai papier japonais d'Origami. Vous trouverez en France, chez votre libraire, d'autres types de papier qui conviennent parfaitement : papier à dessin de faible épaisseur, papier d'emballage-cadeau... Veillez simplement à ce qu'il soit facile à manipuler, que l'on puisse le plier sans qu'il s'abîme, ne s'ondule ou se distende ; les papiers fins seront les plus adaptés.

Vous aurez beaucoup de plaisir à choisir les couleurs et formats de papier pour vos premiers modèles. Avec un peu d'expérience, vous constaterez que ce choix est déjà un art délicat. Certains modèles contenus dans ce livre exigent une qualité particulière de papier qui vous sera indiquée.

Directives

Tout d'abord, quelques directives :

1. Disposer d'une surface plane pour le pliage.

2. Calculer précisément le format du papier à plier et découper proprement.

3. Exécuter précisément les pliures (les renforcer avec l'ongle).

4. Se conformer exactement au modèle de base correspondant à la figure désirée. Exécuter les figures dans l'ordre du livre ; nombre d'entre elles sont issues des précédentes.

5. Chaque étape d'exécution dépend de la précédente et détermine la suivante.

6. En cas d'échec d'une pliure, ou même d'une figure, pas de désespoir ! Recommencer chaque étape. Un mot, une flèche ou la direction d'une pliure ont pu être négligés.

Contrepliage

Le contrepliage est l'étape que vous aurez à exécuter le plus fréquemment. Elle est délicate. Je vous conseille donc quelques exercices avant de commencer votre première figure. Vous n'y perdrez pas votre temps car les réalisations n'en seront, plus tard, que meilleures.

1. Patron initial : une feuille de papier carrée...

2. ...pliée en diagonale, sur laquelle l'on replie les angles gauches inférieur et supérieur.

3. Replier la feuille sur sa diagonale, la face blanche devenant intérieure. A la pliure...

4. ...repousser l'angle gauche vers le haut.

5. Déplier. Ouvrir la figure par le bas...

6. ... et faire ressortir la pointe gauche...

7. ... réalisée dans la figure 4.

Grâce à cet exercice vous avez déjà réalisé un canard.

8. Maintenir la pliure entre deux doigts ; la pointe verticale...

9. ... est à plier vers la gauche.

10. Rouvrir cette dernière pliure et en écarter légèrement la pointe.

11. Replier de nouveau cette pointe...

12. ... au-dessus du corps de la figure...

13. ... vers la gauche.

Modèle I

1. Patron initial : une feuille de papier carrée.

2. La plier en diagonale.

3. Refermer les deux pointes opposées sur la pliure obtenue.

Cygne

1. Prendre le modèle I. Le refermer sur sa diagonale.

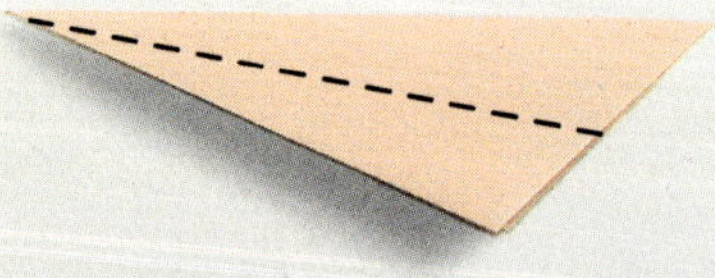

2. Replier vers l'extérieur les deux pointes du bas, suivant le pointillé.

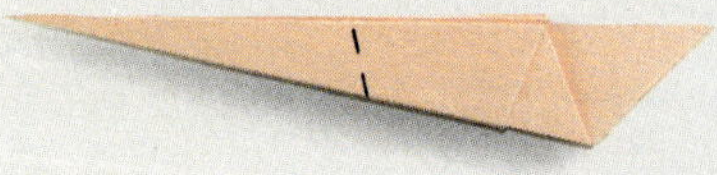

3. Replier la pointe gauche vers le haut, suivant le pointillé...

4. ... puis la ramener à sa place.

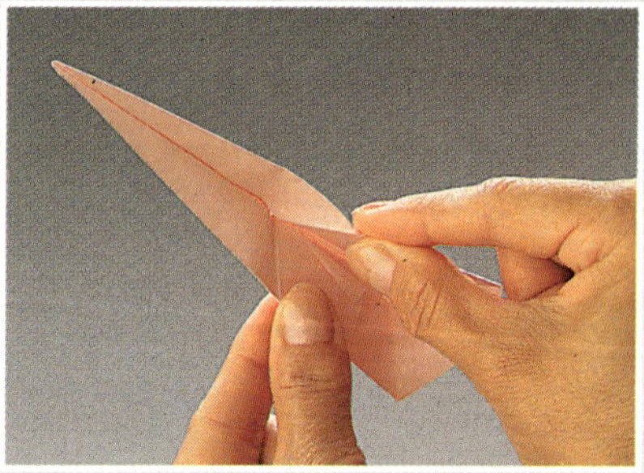

5. Ouvrir la figure par le dessous.

6. Reprendre la pointe gauche de la figure,...

7. ... la rabattre vers le haut et replier vers la gauche, au niveau du trait,...

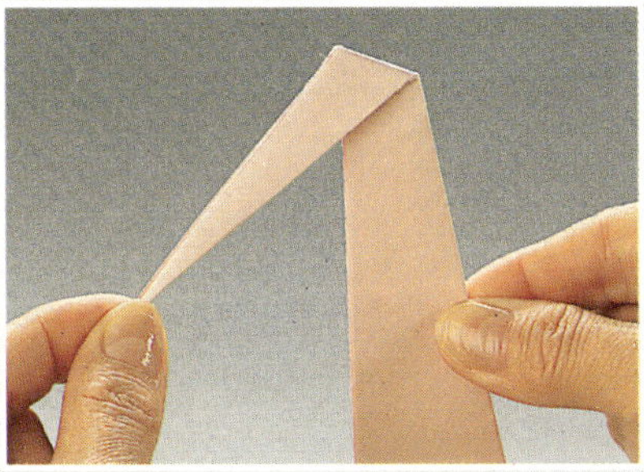

8. ... le haut de cette pointe puis la redéplier.

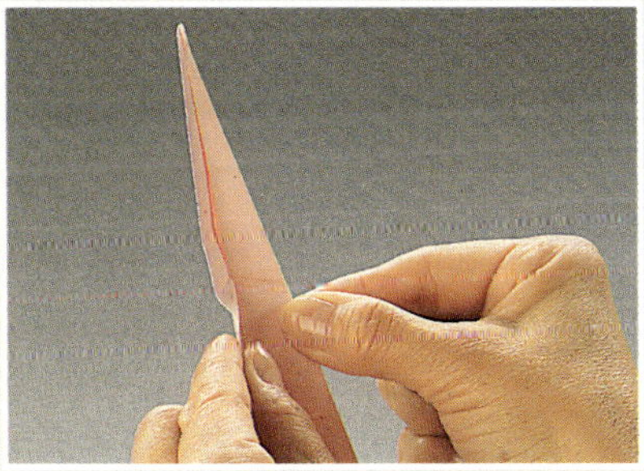

9. Ouvrir le haut de la pointe.

10. Sur la pliure obtenue, rabattre la pointe vers la gauche.

11. Au niveau des 2 traits...

12. ... effectuer deux pliures inversées.

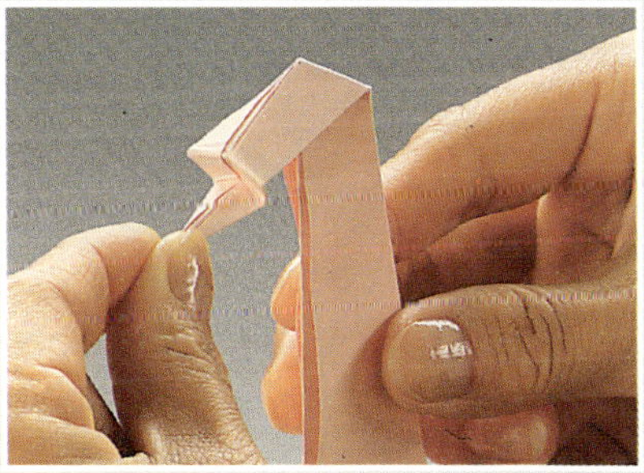

13. Replier la pointe vers l'intérieur sur sa première pliure et vers l'extérieur sur sa deuxième pliure.

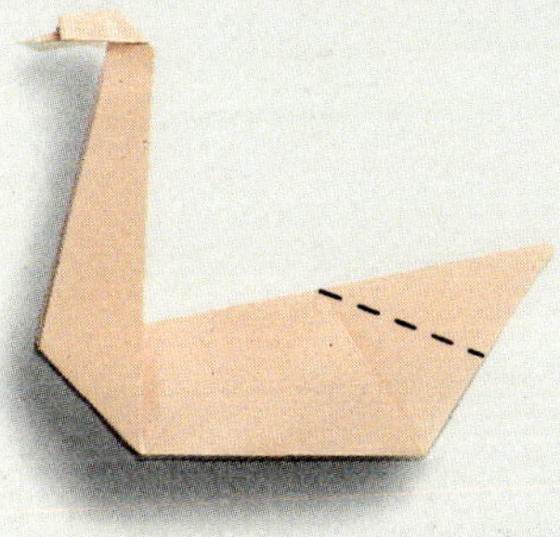

14. Suivant le pointillé de la queue...

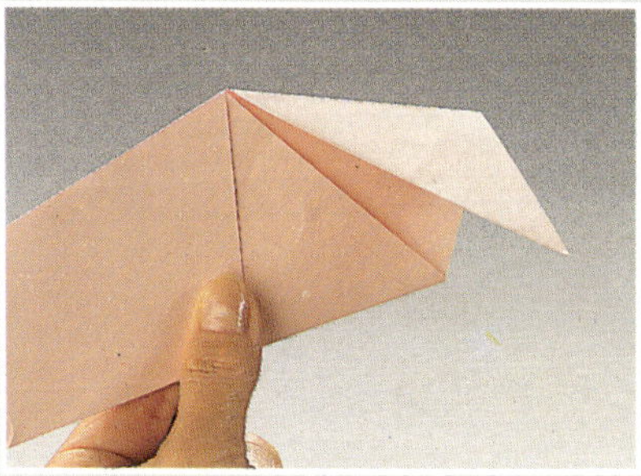

15. ... plier puis rouvrir et,...

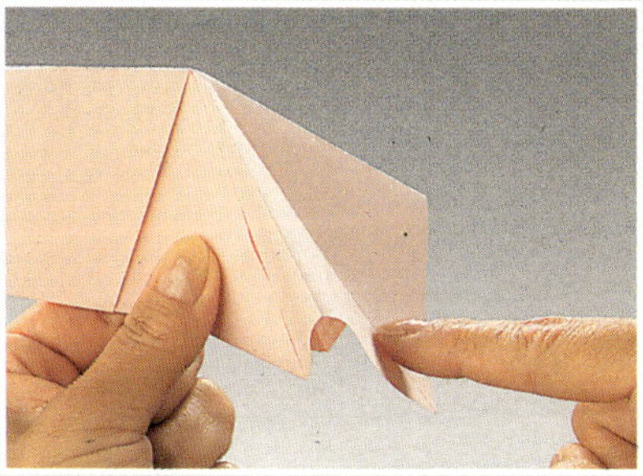

16. ... suivant la pliure obtenue, rabattre vers l'intérieur.

17. Redresser légèrement vers le haut la pointe de la queue et presser pour fixer cette dernière pliure.

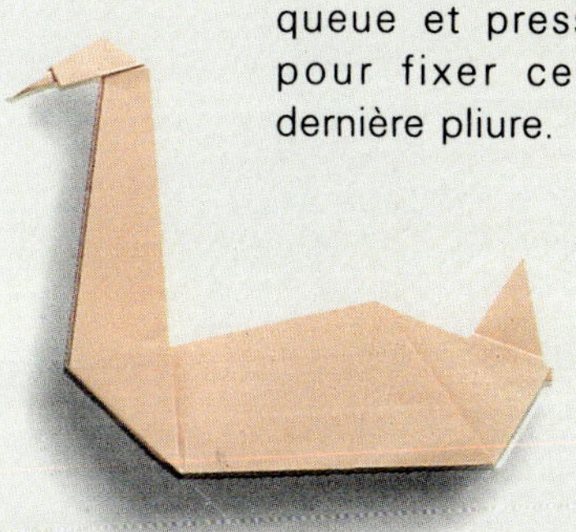

18. Vous avez construit un cygne.

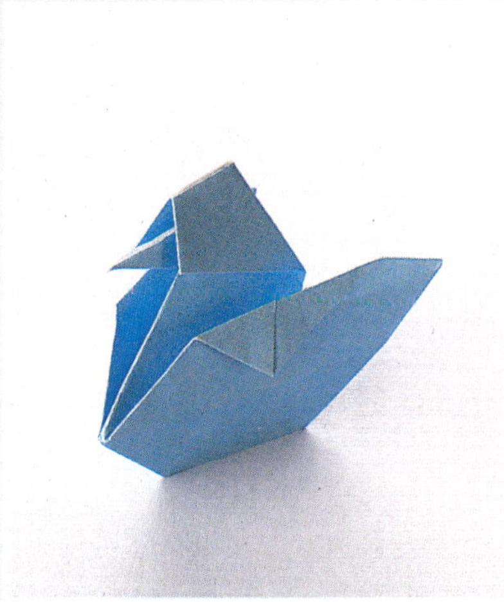

Bébé cygne

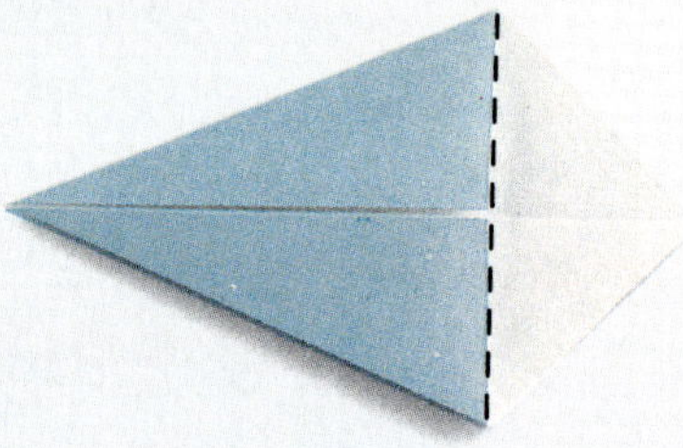

1. Prendre le modèle I (page 14). Replier le triangle blanc, suivant le pointillé,...

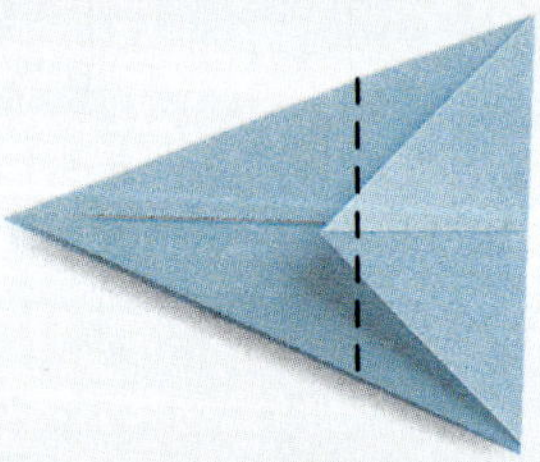

2. ... vers la gauche. Suivant le nouveau pointillé, plier la pointe...

3. ... vers la droite puis de nouveau suivant les deux pointillés, vers la droite.

4. Replier la figure sur sa ligne centrale horizontale.

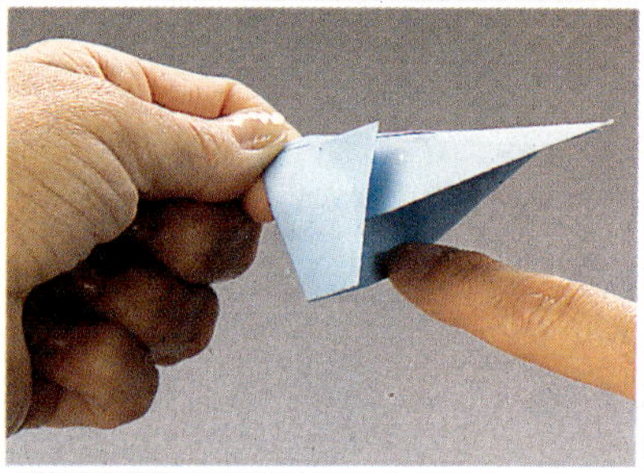

5. Tenir la figure entre deux doigts et l'ouvrir par le bas.

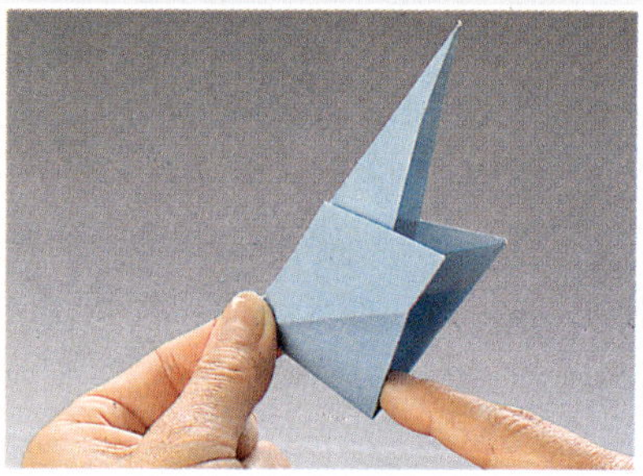

6. Rabattre les ailes l'une sur l'autre.

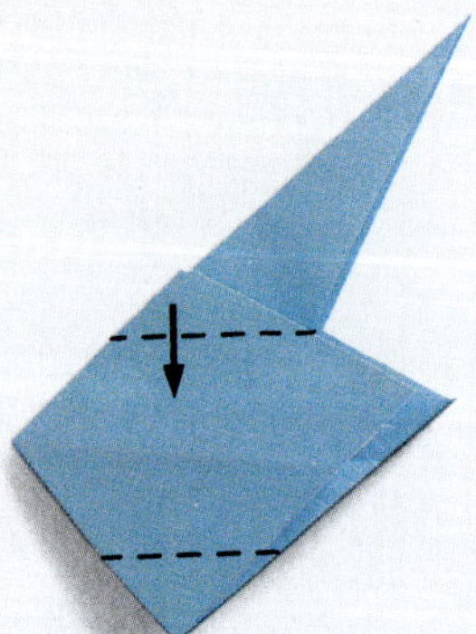

7. Au pointillé supérieur, replier chacune des deux pointes vers l'extérieur, au pointillé du bas, replier les pointes sur un seul côté.

8. Effectuer une pliure suivant le pointillé.

9. Ouvrir la pointe et la rabattre vers la gauche.

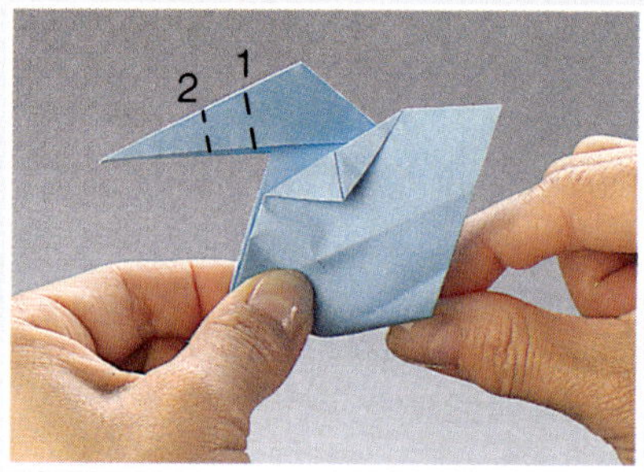

10. Ouvrir la pliure du bas et la rabattre vers l'intérieur. Replier la tête vers l'intérieur, sur le premier pointillé...

11. ... et vers l'extérieur, sur le deuxième pointillé. C'est fini !

Bébé singe

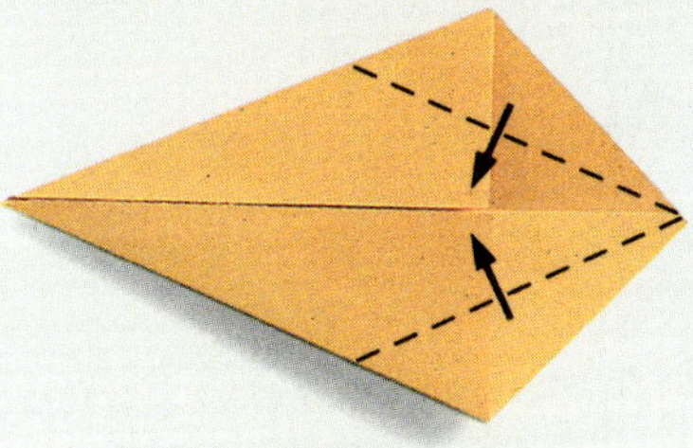

1. Partir du modèle I (page 14). Suivant les pointillés, rabattre les deux angles vers l'intérieur...

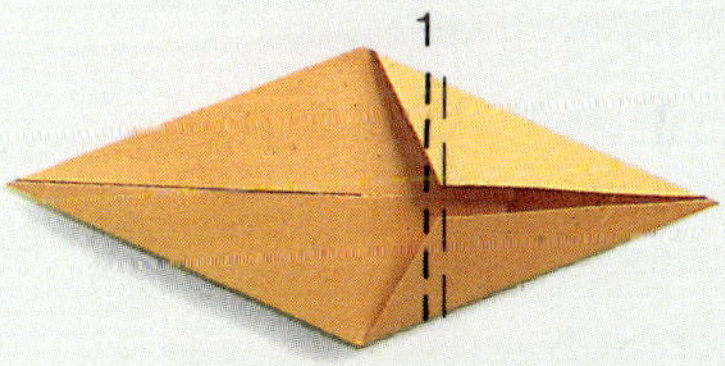

2. ... sur la ligne horizontale. Replier la pointe droite suivant le premier pointillé...

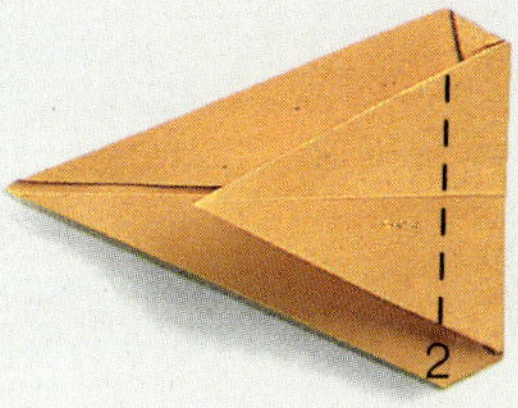

3. ... puis dans le sens inverse, suivant le deuxième pointillé.

4. Rabattre le triangle inférieur gauche ainsi formé sur son pointillé central...

5. ... et aplatir entre deux doigts.

6. Même chose avec le triangle supérieur gauche.

7. Refermer la figure par le milieu.

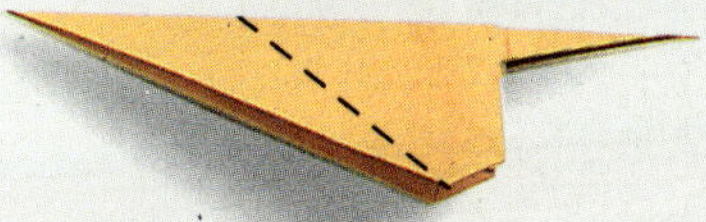

8. Rabattre l'angle gauche vers le haut, suivant le pointillé et...

9. ... l'ouvrir,...

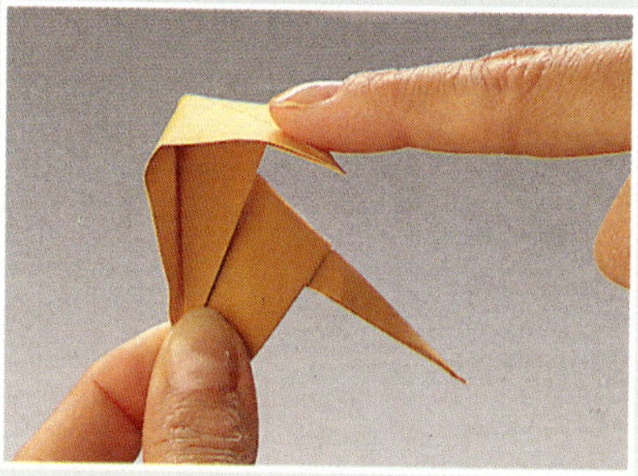

10. ... le rabattre vers l'arrière et l'aplatir.

11. Effectuer trois pliures parallèles ; sur la première replier vers l'intérieur, sur la deuxième vers l'extérieur et sur la troisième pliure vers l'intérieur.

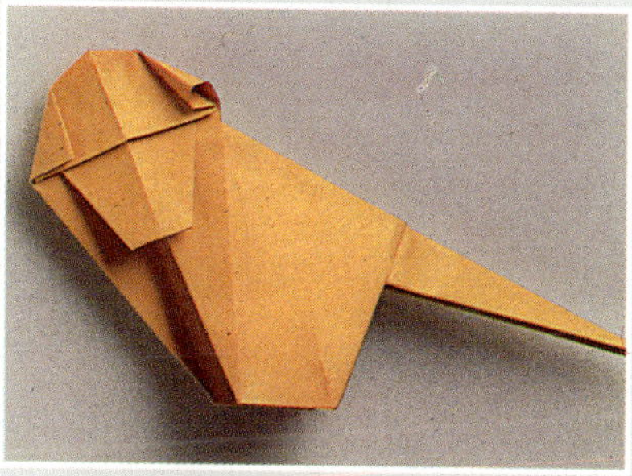

12. Replier les deux pointes de gauche de la figure vers l'avant et les arrondir ; ce sont les oreilles de votre bébé singe.

Paon

Le papier

A Petit carré de papier pour le corps (10 x 10 cm par exemple).

B Pour la queue, la feuille devra être quatre fois plus grande (20 cm de côté).

C Tout petit carré pour la couronne (3 cm de côté).

Le corps

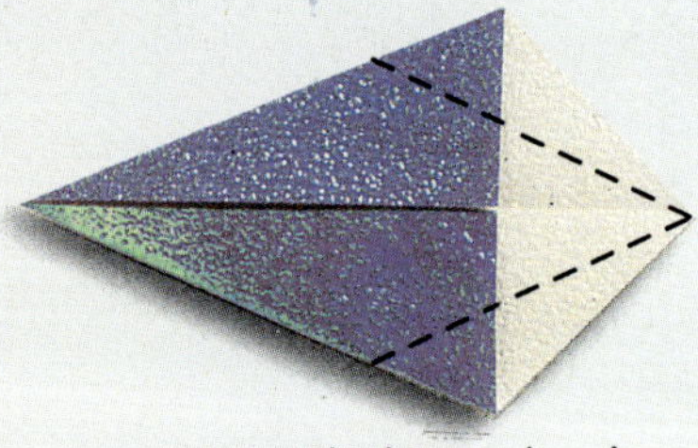

1. Avec le carré de papier A reprendre le modèle I (page 14). En suivant les pointillés...

2. ... rabattre les deux angles vers l'intérieur. Retourner la figure.

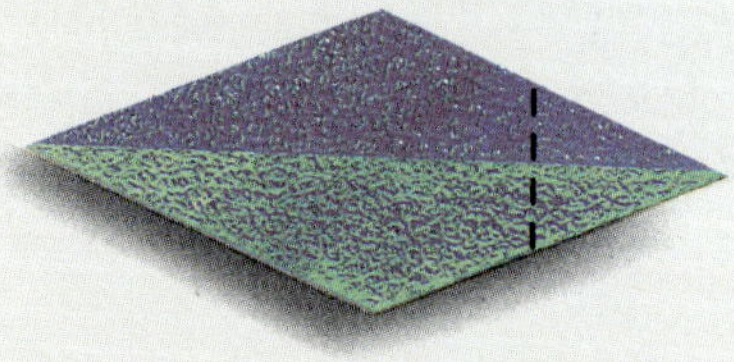

3. Suivant le pointillé, rabattre la pointe droite...

4. ... vers l'avant. Rabattre la partie supérieure de la figure sur la pliure horizontale.

5. Replier la pointe gauche, suivant le pointillé...

6. ... vers l'avant.

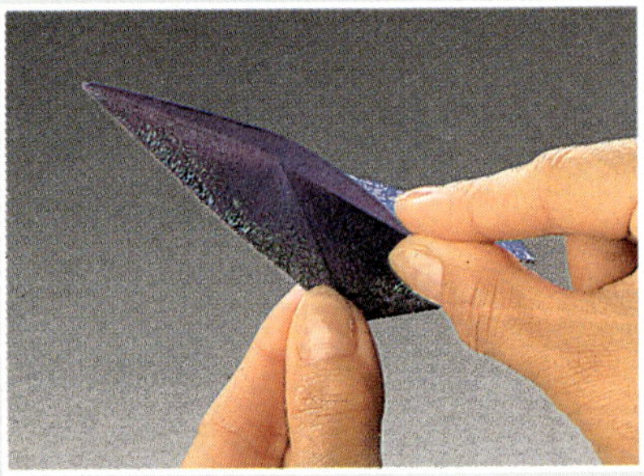

7. L'ouvrir par le bas puis...

8. ... la rabattre vers le haut, sur sa pliure centrale.

9. En haut de la pointe, plier suivant le pointillé.

10. Ouvrir la pointe.

11. Rabattre le haut de la pointe vers la gauche.

12. Le corps est terminé.

La queue

1. Plier en accordéon le carré de papier B.

2. Le replier par le milieu.

3. Introduire le corps dans le creux de l'éventail dont l'on collera la pointe intérieure.

La couronne

1. Plier le carré de papier C en accordéon.

2. Le replier en éventail et coller les deux bords intérieurs.

3. Fixer la couronne à l'arrière de la tête. C'est un paon.

Pingouin

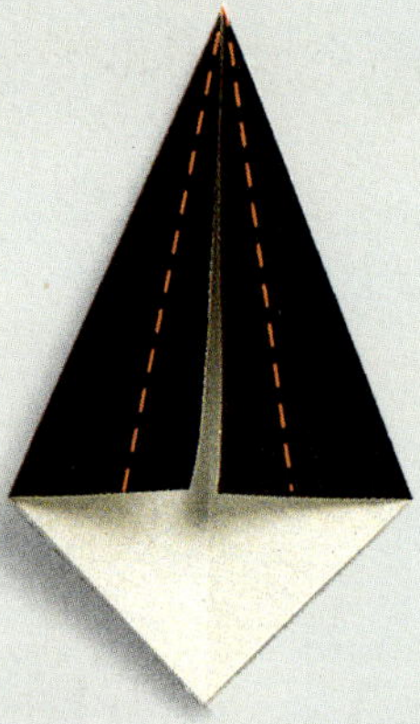

1. Prendre le modèle I (page 14). Replier les pointes droite et gauche suivant les pointillés.

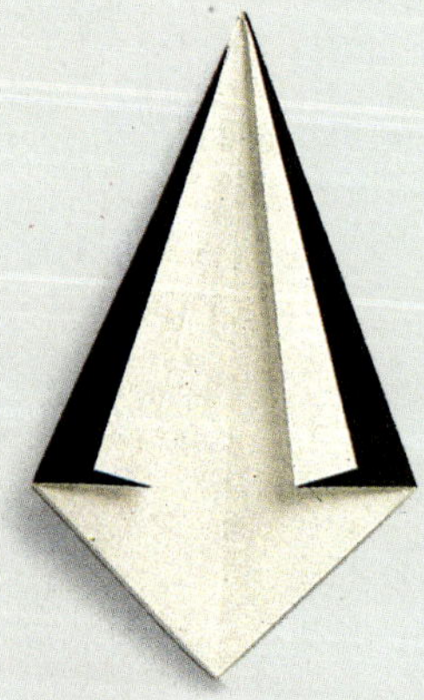

2. Les ouvrir et retourner la figure.

3. Rabattre vers le bas la pointe supérieure en suivant le pointillé.

4. Rabattre les pointes supérieure et inférieure.

5. Plier la figure verticalement.

6. Tirer la pointe...

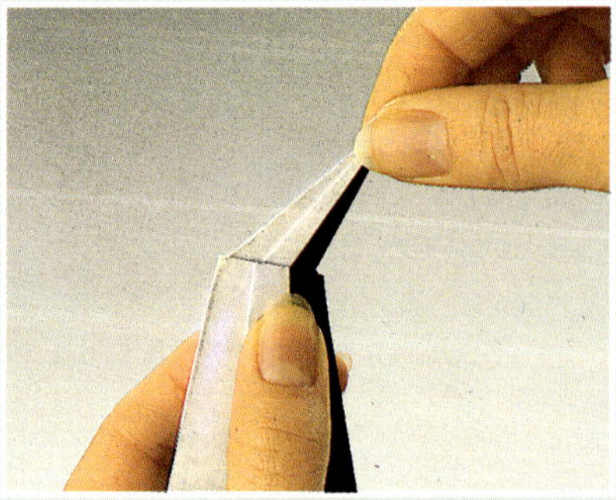

7. ... vers la droite. Bien l'aplatir pour la consolider.

8. Rabattre la partie supérieure de la pointe suivant le pointillé...

9. ... vers la gauche.

10. Ouvrir la pointe.

11. Suivant la même pliure, la tourner vers l'extérieur.

12. Effectuer deux pliures parallèles sur la pointe.

13. Replier vers la droite, sur la première pliure et vers la gauche sur la seconde.

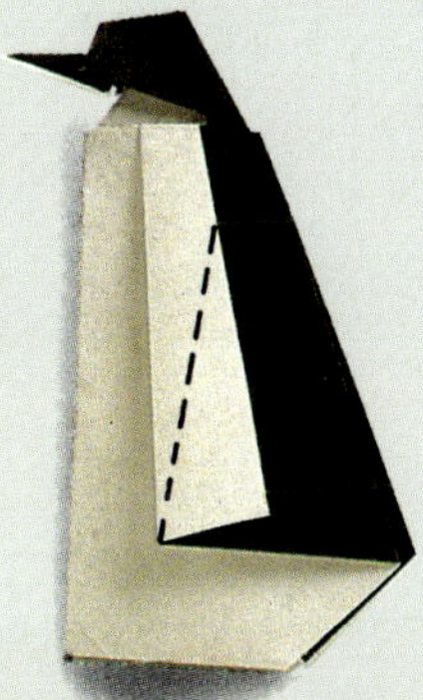

14. Replier les deux ailes vers l'avant en suivant le pointillé.

15. Replier vers l'intérieur la partie droite de la figure en suivant le pointillé. Faire de même pour l'aile opposée.

16. Le pingouin est terminé.

Forêt

Éléphant

1. Prendre le modèle I (page 14). Suivant le pointillé, plier la pointe droite vers l'avant.

2. Replier cette même pointe, suivant le nouveau pointillé,...

3. ... vers la droite. Retourner la figure.

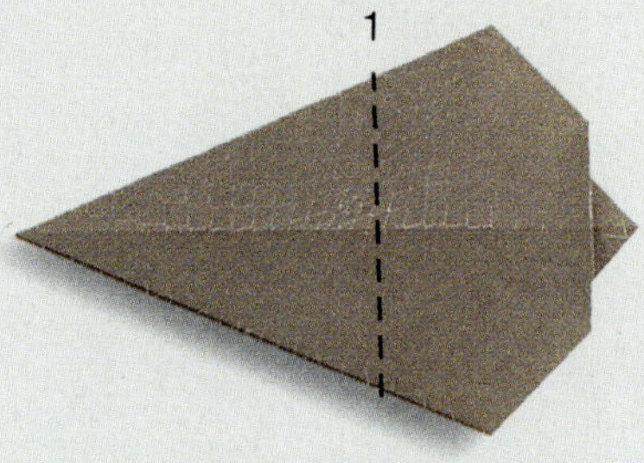

4. Rabattre l'angle gauche sur la pliure (1)...

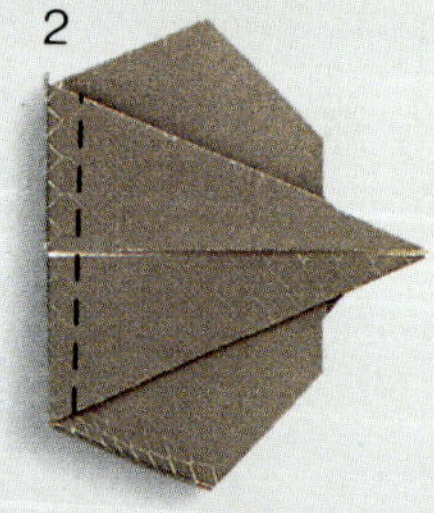

5. ... vers la droite, puis sur la pliure (2)...

6. ... vers la gauche. Plier la figure par son milieu.

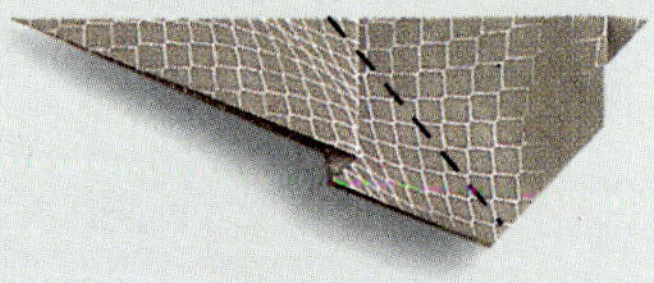

7. Replier suivant le pointillé.

8. Ouvrir légèrement la figure par le dessous.

9. Déployer suivant les pliures obtenues.

10. Préparer une pliure au niveau du pointillé.

11. Ouvrir légèrement la tête par le dessous et...

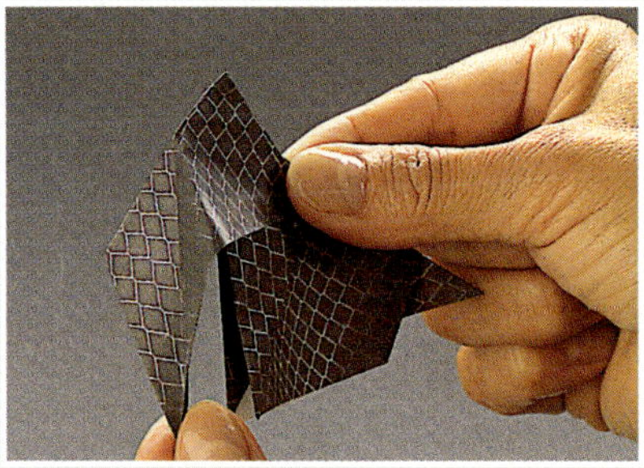

12. ... replier la pointe vers l'intérieur, suivant la pliure.

13. Rabattre suivant les pointillés et presser fortement.

14. Rouvrir et enfoncer le petit triangle formé par la pliure...

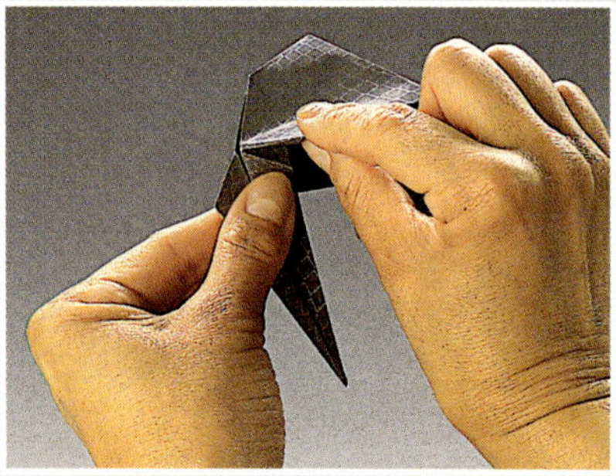

15. ... vers l'intérieur. Recommencer sur l'autre côté.

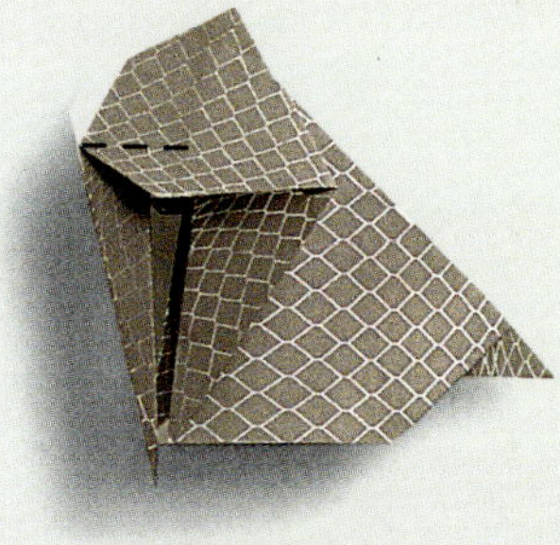

16. Suivant le pointillé, redresser la trompe...

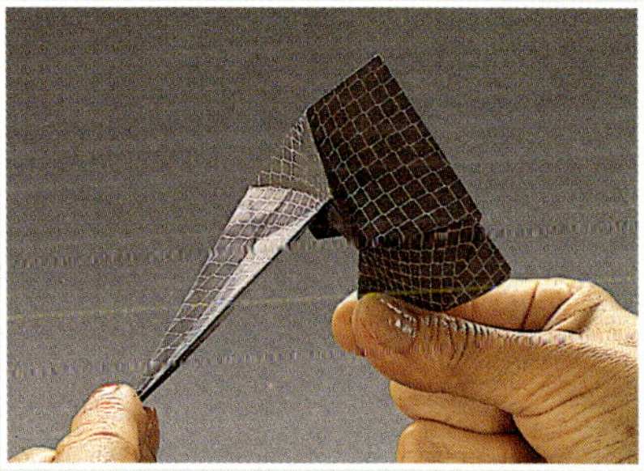

17. ... vers le haut.

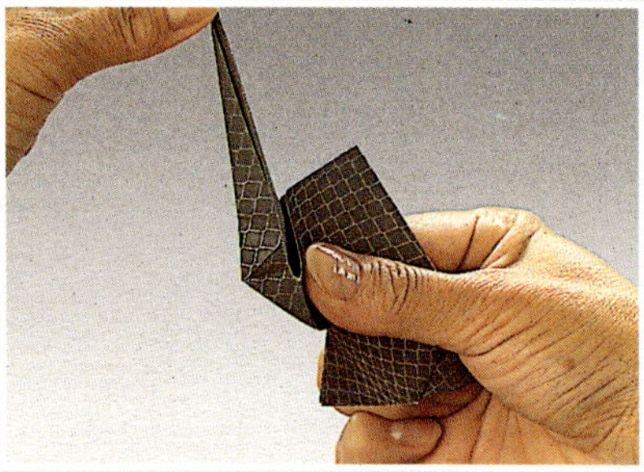

18. Aplatir la trompe en pressant les pliures.

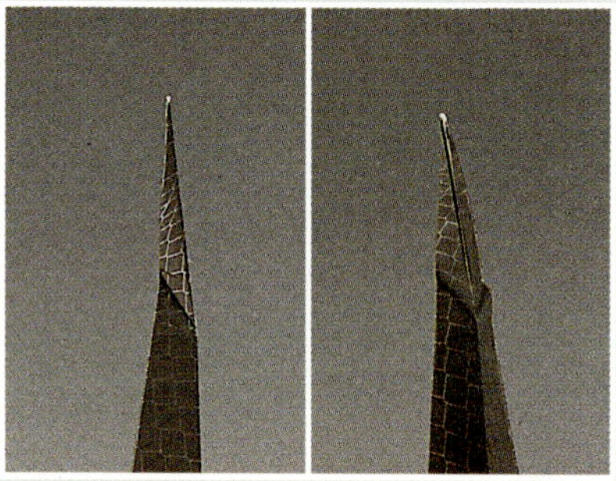

19. Rabattre le bout de la trompe vers la gauche, l'ouvrir...

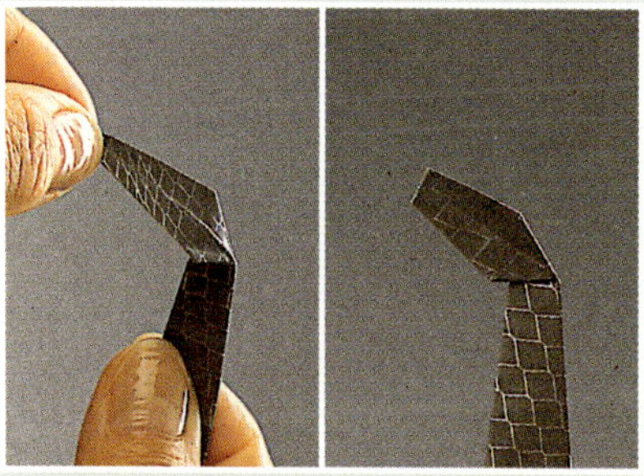

20. ... vers la gauche, l'aplatir fortement et la refermer par son milieu.

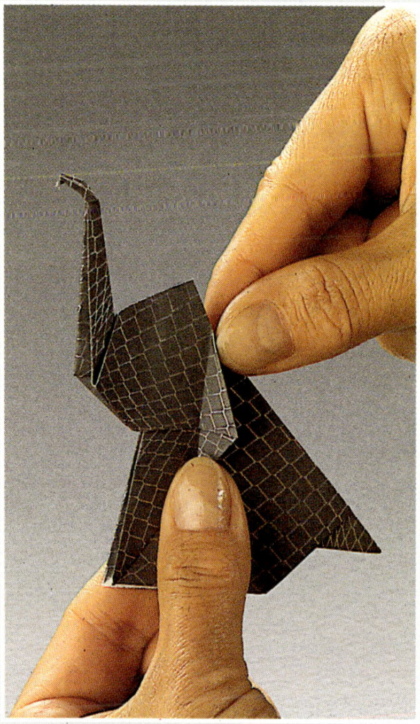

21. Rabattre les oreilles vers l'arrière. Voici un superbe éléphant.

Petit chien

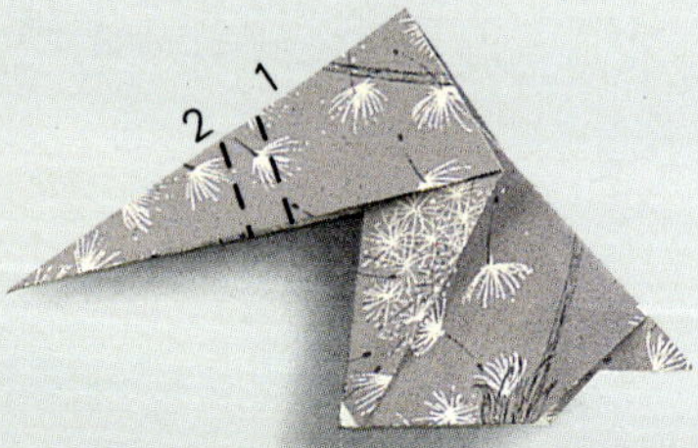

1. Reprendre l'éléphant à l'étape 10 (page 24). Effectuer deux pliures suivant les pointillés parallèles.

2. Replier la pointe vers l'intérieur, sur sa pliure (1), puis vers l'extérieur, sur sa pliure (2).

3. Replier la pointe de nouveau vers l'intérieur, suivant le pointillé.

4. Voici un petit chien.

Masque de pirate

1. Utiliser le modèle I (page 14). Ouvrir l'angle droit suivant le pointillé.

2. Rabattre les pointes vers l'avant, suivant les pointillés.

3. Effectuer deux pliures parallèles sur le rabas inférieur. Suivant la pliure du bas, replier vers l'intérieur, puis vers l'extérieur...

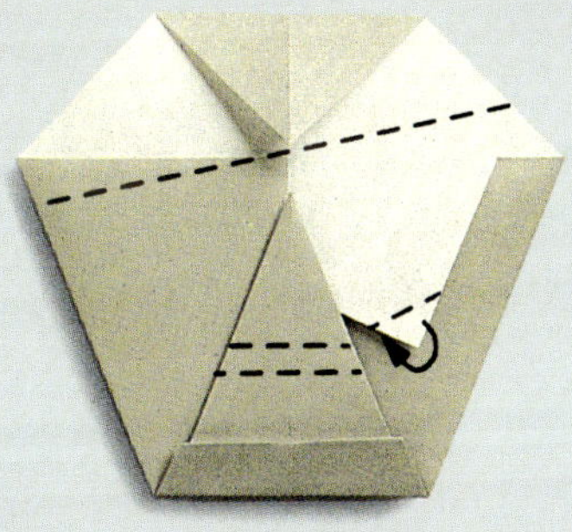

4. ... suivant l'autre pliure ; c'est la bouche. Deux pointillés parallèles pour le nez, pliures inversées : extérieur puis intérieur.

5. Rabattre le cache sur l'œil gauche. Suivant la nouvelle pliure...

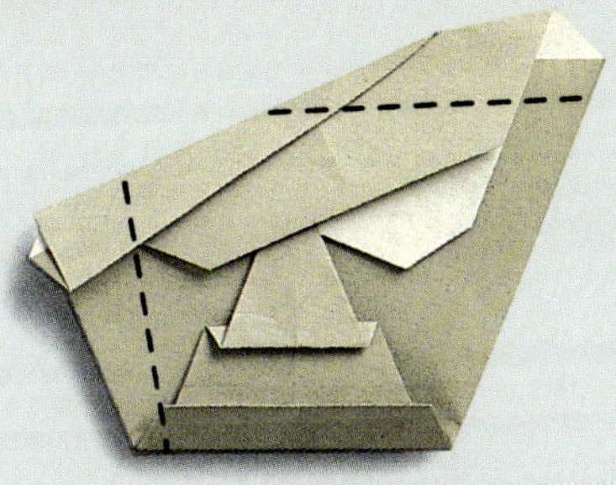

6. ... rabattre une nouvelle fois la moitié du cache sur l'œil, la partie gauche du visage vers l'arrière et la partie supérieure vers l'avant.

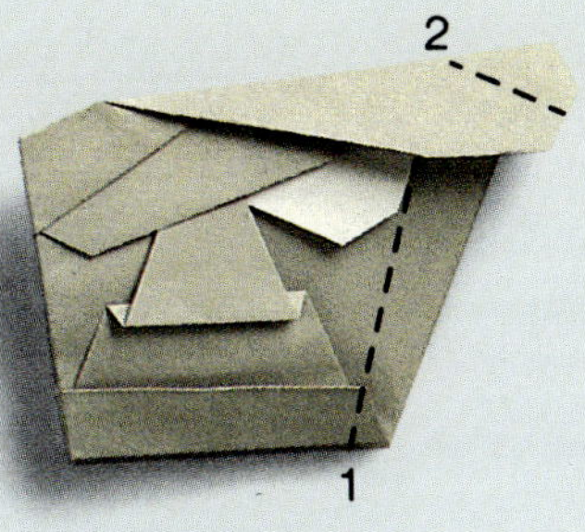

7. Rabattre vers l'arrière, suivant le pointillé (1) et...

8. ... vers l'intérieur, suivant le pointillé (2), afin que ...

9. ... le tissu paraisse noué.

10. Dégager le nez.

11. Lorsque vous aurez peint le cache-œil en noir et le tissu en rouge, votre pirate sera fini.

Décoration

Modèle II

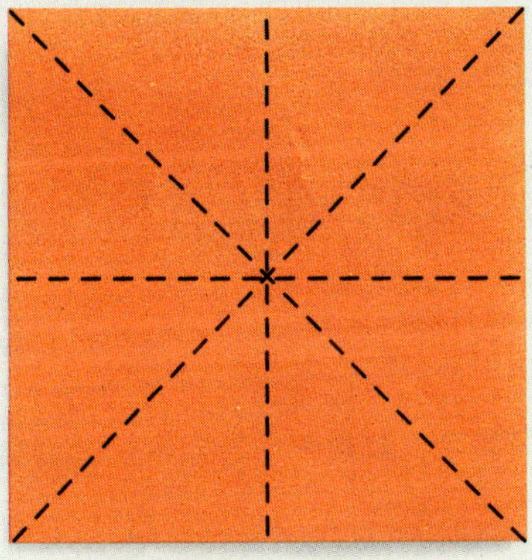

1. Sur une feuille de papier carrée, préparer des pliures suivant les pointillés.

2. Replier les côtés sur la pliure verticale, côté blanc à l'intérieur.

3. Rabattre une nouvelle fois sur la pliure horizontale. Redéplier.

4. Suivant les pointillés...

5. ... rabattre vers la droite puis vers la gauche.

6. Ouvrir les deux angles inférieurs.

7. Rabattre entièrement sur le côté intérieur blanc le bas de la figure.

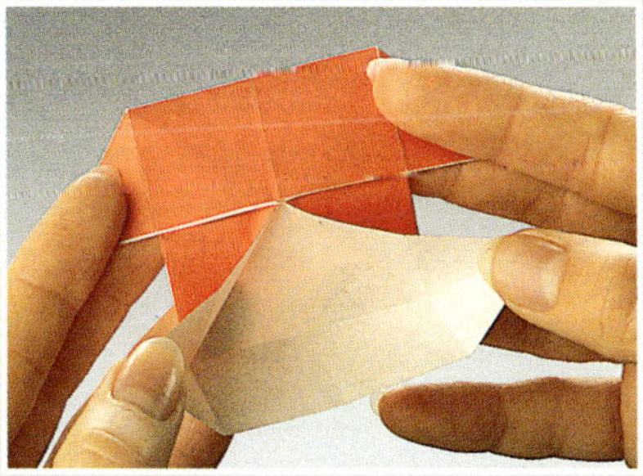

8. Renverser la figure de 180° et recommencer les étapes 6 et 7.

9. C'est le modèle II.

Moulin

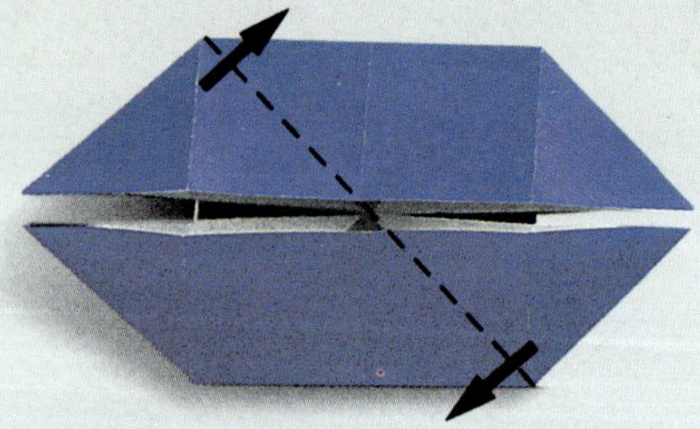

1. Reprendre le modèle II (page 29). Suivant le pointillé...

2. ... replier vers le haut la pointe supérieure gauche et vers le bas la pointe inférieure droite.

3. C'est un moulin.

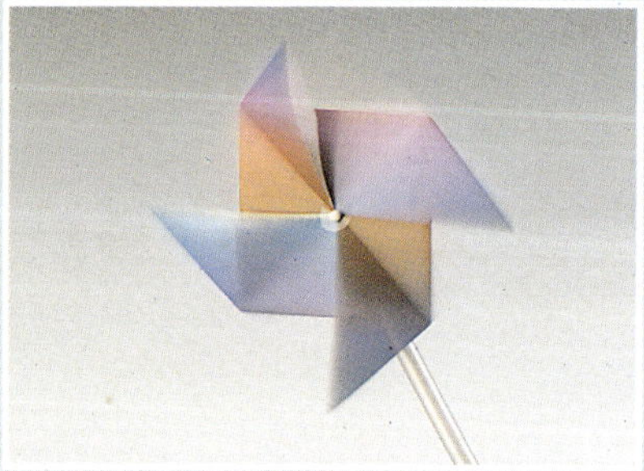

4. Avec une aiguille, on peut le fixer au bout d'un bâton et le faire tourner en soufflant.

Décoration

1. Le moulin est la figure de base.

2. Redresser l'une des pointes vers l'avant...

3. ... l'ouvrir...

4. ... appuyer et plier aux angles. Faire de même pour chaque pointe.

5. Refermer vers l'avant les deux angles de chaque carré obtenu en suivant les pointillés.

6. Redresser un angle,...

7. ... l'ouvrir...

8. ... et aplatir. Recommencer avec chacun des autres angles.

9. Replier les quatre angles de la figure obtenue vers l'arrière.

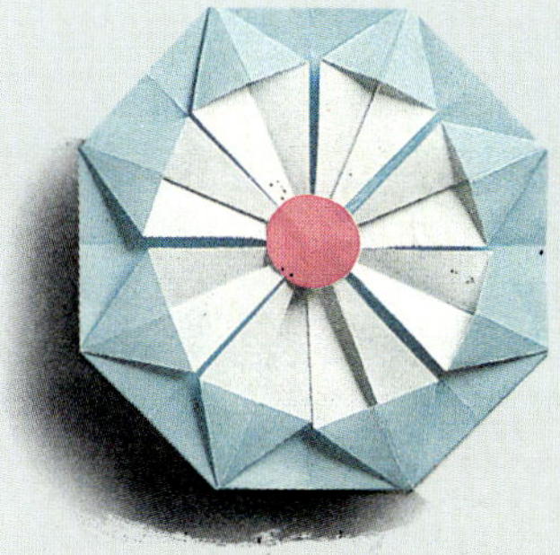

10. Coller au centre une pastille de papier de couleur.

11. Coller les unes aux autres six rosaces ainsi fabriquées. La décoration est prête.

Poisson

Utiliser une feuille de papier carrée, ou deux de couleurs différentes si l'on veut que la bouche du poisson soit colorée. Coller l'un contre l'autre les côtés blancs des deux feuilles.

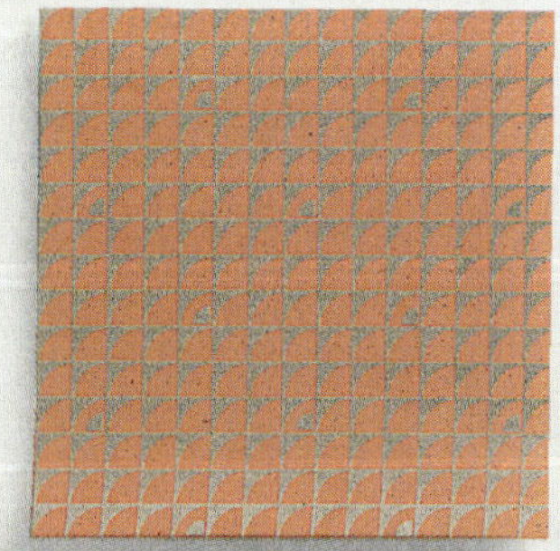

1. Effectuer les pliures suivant les pointillés.

2. Replier sur le centre la pointe supérieure gauche. Retourner la figure.

3. Les étapes suivantes sont celles du modèle II (page 29). Rabattre sur la ligne verticale centrale...

4. ... les deux côtés de la figure, puis sur la ligne horizontale centrale...

5. ... les côtés supérieur et inférieur.

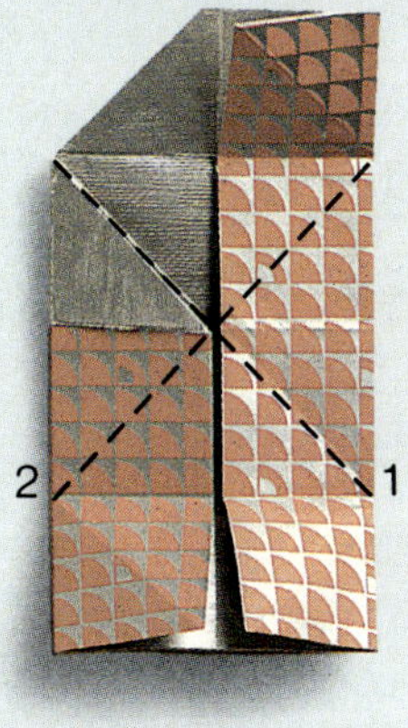

6. Rouvrir ces deux derniers côtés. Suivant le pointillé (1)...

7. ... rabattre vers la droite le côté inférieur gauche et ...

8. ... suivant le pointillé (2), vers la gauche, le côté inférieur droit. Rouvrir ensuite ces deux dernières pliures.

9. Redresser et ouvrir les deux angles du bas.

10. Rabattre entièrement sur le côté intérieur le bas de la figure.

11. Rabattre la partie supérieure de la figure en ouvrant l'angle de droite.

12. Suivant les pointillés, replier les deux pointes vers le bas.

13. Replier la pointe du bas suivant son pointillé...

14. ... puis retourner la figure.

15. Le poisson est prêt.

Modèle III

1. Prendre une feuille carrée...

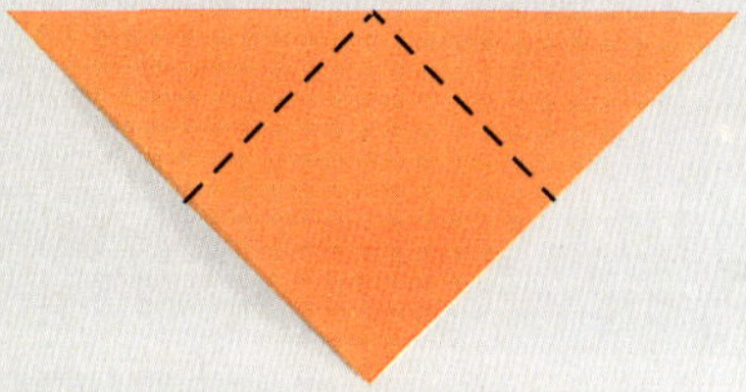

2. ... pliée dans sa diagonale.

3. Suivant les pointillés, refermer les pointes gauche...

4. ... et droite.

Chapeau

1. Utiliser le modèle III, pointes ouvertes vers le bas.

2. Replier ces deux pointes sur le haut de la figure. Suivant les pointillés...

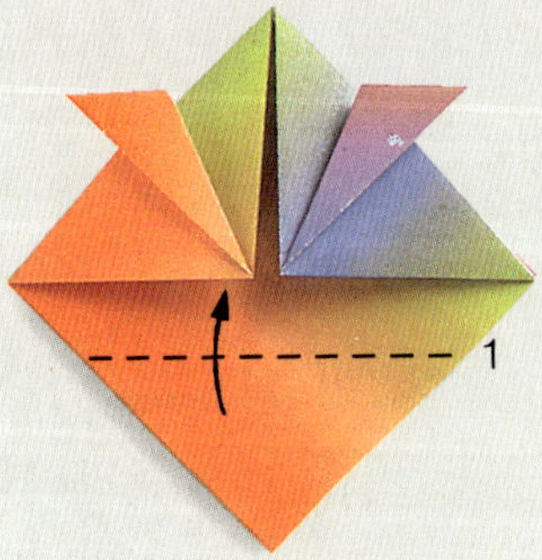

3. ... rabattre le haut des pointes vers l'extérieur. Suivant le pointillé (1),...

4. ... replier vers le haut et, suivant le pointillé (2),...

5. ... replier une nouvelle fois vers le haut. Retourner la figure et recommencer sur l'autre côté.

6. Le chapeau est fini.

Poisson japonais

1. Reprendre le chapeau.

2. Ouvrir la figure par le bas.

3. Rabattre les deux pointes l'une sur l'autre.

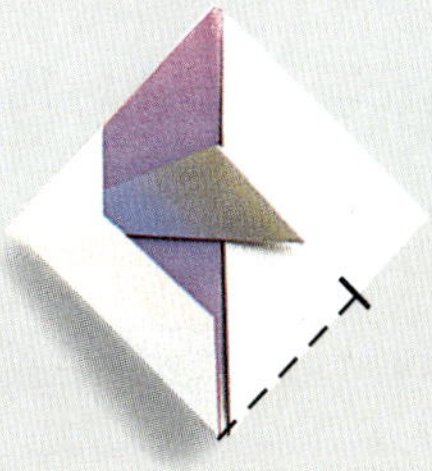

4. Suivant le pointillé,...

5. ... découper une partie de la pliure inférieure droite.

6. Plier fortement la pointe droite suivant son pointillé.

7. Ouvrir la queue,...

8. ... la tirer vers l'arrière et l'aplatir.

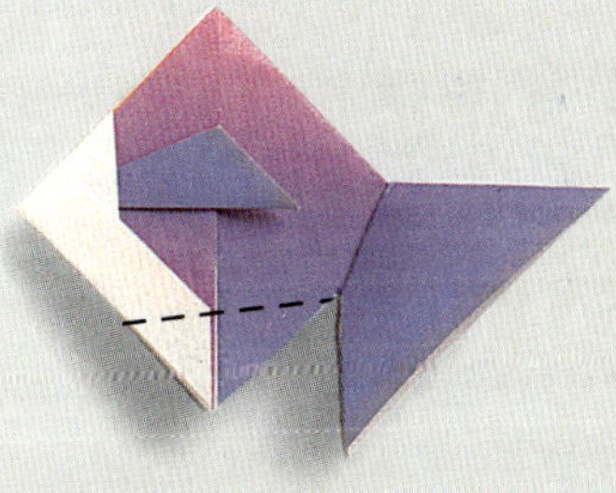

9. Replier vers l'intérieur suivant le pointillé et recommencer de l'autre côté de la figure.

10. Voici un poisson japonais.

Variante :
On peut replier les nageoires vers le bas et coller un autre papier sur la bouche, ou la peindre.

Modèle IV

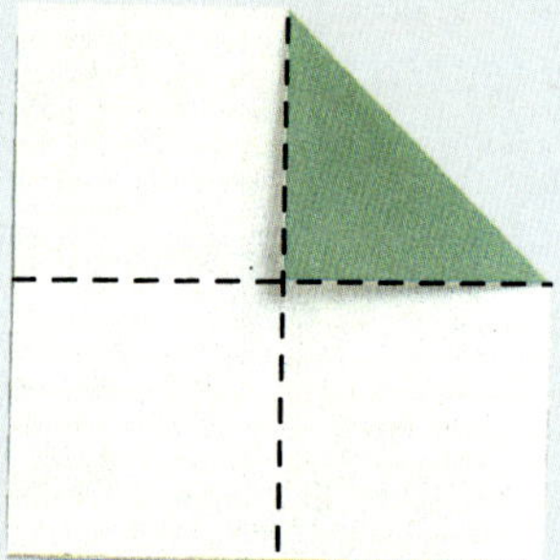

1. Prendre une feuille carrée, faire deux pliures perpendiculaires et...

2. ... replier les quatre pointes.

3. Voici le modèle IV.

Bateau à vapeur

1. Prendre le modèle IV, le retourner.

2. Replier les quatre angles...

3. ... sur le centre. Puis retourner la figure.

4. Replier de nouveau les quatre angles...

5. ... sur le centre. Retourner la figure.

6. On obtient quatre petits carrés contenus dans le grand.

7. Ouvrir un petit carré et rabattre ses deux angles.

8. Recommencer avec le petit carré opposé. Ce sont les deux cheminées.

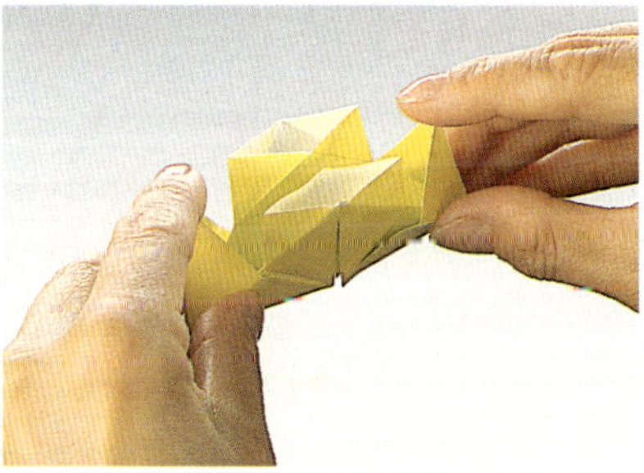

9. Redresser les pointes des deux derniers petits carrés pour ramener les deux cheminées l'une sur l'autre.

10. Dessiner deux bandes parallèles en haut des cheminées. Le bateau à vapeur peut prendre la mer.

Père Noël

1. Prendre le bateau à vapeur à l'étape 8.

2. Ouvrir un troisième petit carré et...

3. ... l'aplatir.

4. Le petit carré restant sera la tête. Replier les angles des bras suivant les pointillés...

5. ... vers l'intérieur.

6. Décorer le manteau, peindre le visage et coller une barbe. Voici le Père Noël !

Décor de la table

Encadrement

1. Prendre le bateau à vapeur à l'étape 8 (page 36). Ouvrir et aplatir tous les petits carrés.

2. Puis retourner la figure.

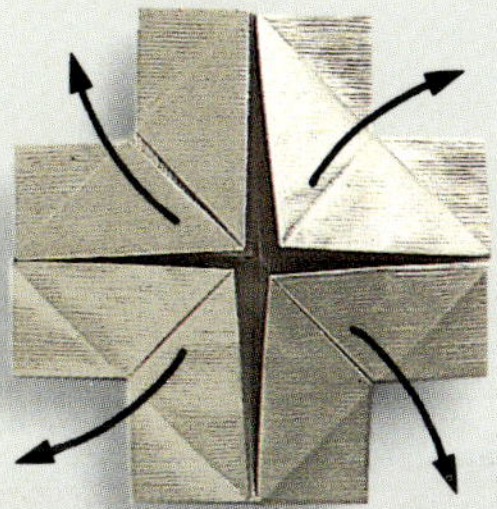

3. Rabattre vers l'extérieur tous les angles.

4. Retourner la figure.

5. On obtient ainsi un rectangle sur chaque côté de la figure. Saisir l'un d'eux et...

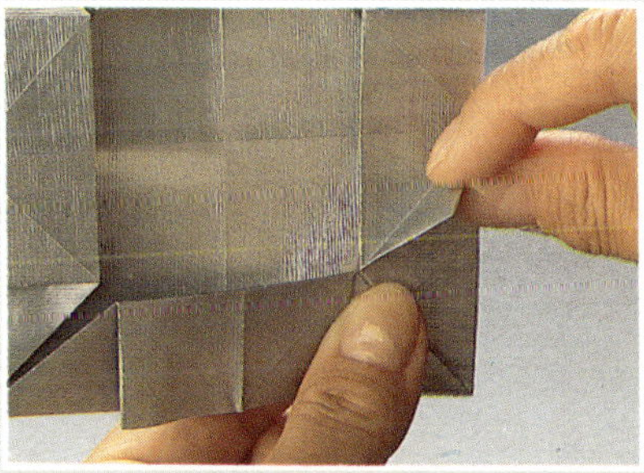

6. ... en redresser un angle,...

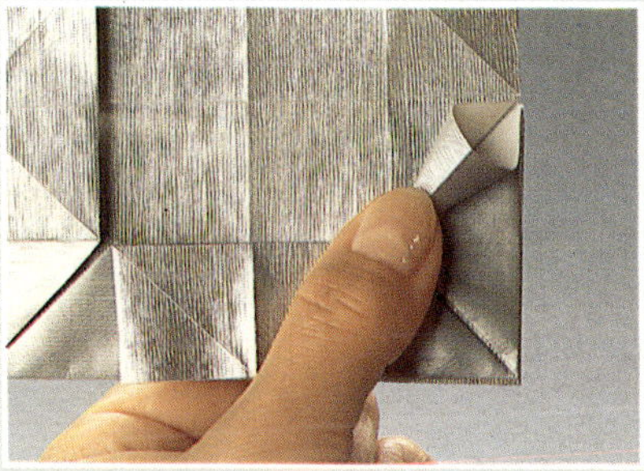

7. ... l'ouvrir et l'aplatir.

8. Recommencer avec chaque angle de tous ces rectangles. Le cadre est terminé. On peut aussi le modifier...

9. ... en rabattant les quatre angles vers l'arrière, suivant les pointillés. Si l'on ouvre à moitié deux carrés, au dos du cadre, il se tient debout. On peut également le pendre au mur.

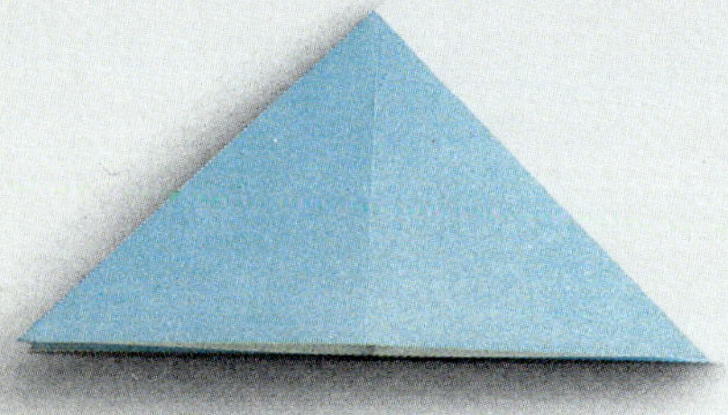

Modèle V

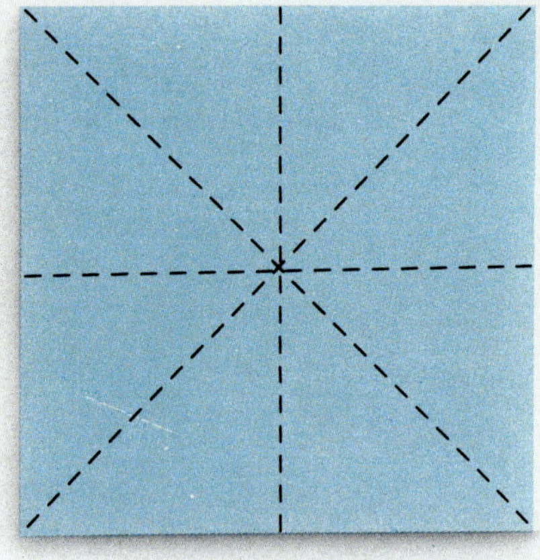

1. Avec une feuille carrée, effectuer deux pliures diagonales et deux perpendiculaires.

2. Les pliures doivent être visibles.

3. Plier par le milieu, côté blanc à l'intérieur.

4. Redresser le côté droit de la feuille à la perpendiculaire,...

5. ... ouvrir,...

6. ... aplatir l'angle ainsi formé.

7. Rabattre la pointe gauche du triangle...

8. ... vers la droite.

9. Recommencer les étapes 3 à 6 pour le côté gauche de la feuille.

10. Voici le modèle V.

Vase

1. Prendre le modèle V, pointe en bas. Suivant le pointillé...

2. ... rabattre la pointe gauche avant vers la droite, puis vers la gauche, suivant le pointillé.

3. Replier la pointe du haut vers l'arrière et ...

4. ... l'introduire à l'intérieur.

5. Rabattre la pointe droite avant vers la gauche, suivant le pointillé (1), puis vers la droite : pointillé (2).

6. Terminer par les étapes 3 et 4. Retourner la figure et recommencer le tout sur cette seconde face.

7. Suivant le pointillé, effectuer une solide pliure.

8. Ouvrir le vase. Aplatir le fond.

9. Voici le vase !

Papillon

Coller l'une contre l'autre deux feuilles carrées identiques, mais de motifs différents.

1. Utiliser le modèle V (page 40), pointe en bas.

2. Rabattre la pointe suivant le pointillé et retourner la figure.

3. Ouvrir le fond de la figure...

4. ... et aplatir. Suivant les pointillés,...

5. ... ouvrir encore un peu les deux ailes du bas. Bien aplatir.

6. Découper suivant le pointillé.

7. Rabattre les deux angles formés...

8. ... vers l'extérieur.

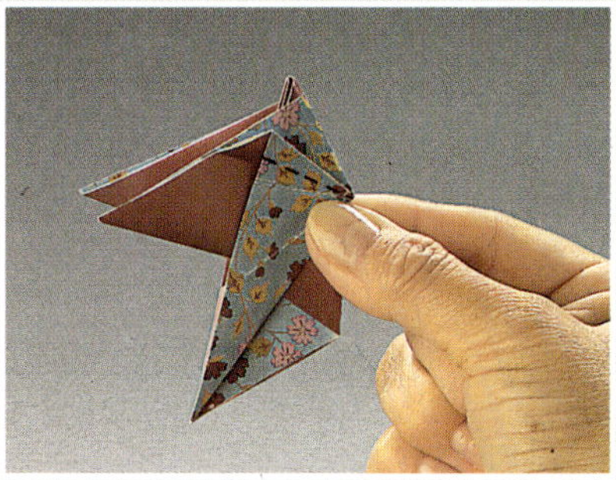

9. Refermer la figure par le milieu.

10. Puis redresser les ailes vers le haut et bien aplatir leurs pointes. C'est un papillon tout simple.

11. Pour une meilleure finition, rouvrir la figure et rabattre, suivant le pointillé,...

12. ... la pointe supérieure vers le bas. Retourner la figure.

13. Rabattre également les deux pointes du haut...

14. ... vers le bas.

15. Refermer la figure par son milieu.

16. Rouvrir la figure. A l'aide des pliures obtenues, donner du volume au corps afin d'écarter les ailes. Ce papillon est parfait.

Ballon

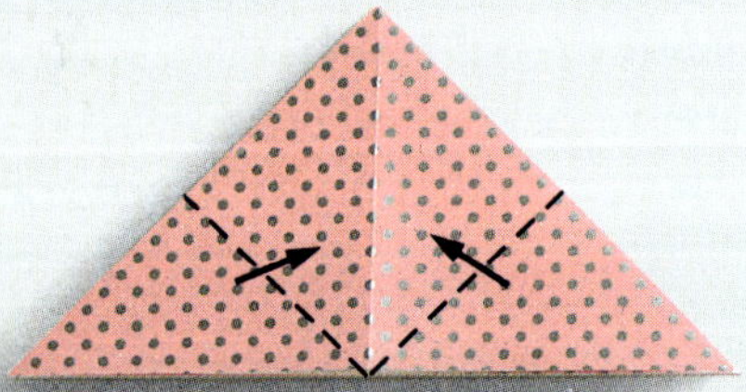

1. Prendre le modèle V (page 40), pointe vers le haut. Suivant le pointillé...

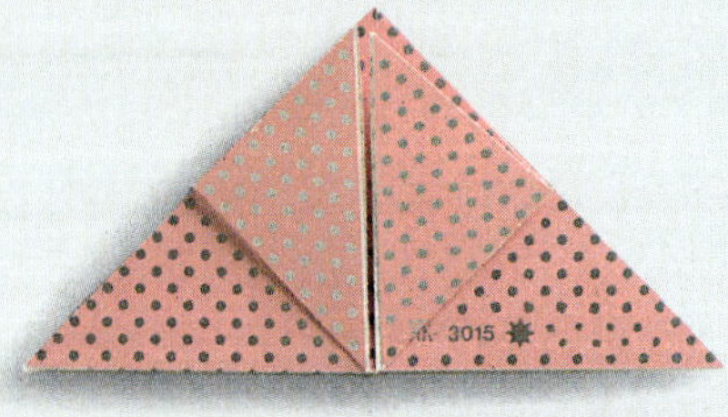

2. ... replier les deux ailes avant.

3. Recommencer sur l'autre côté. Replier les angles avant droit et gauche...

4. ... sur le centre. Recommencer pour l'autre côté de la figure.

5. Suivant le pointillé, rabattre la pointe du haut...

6. ... vers le bas. Bien appuyer.

7. Rabattre les deux pointes à l'intérieur des triangles. Recommencer pour l'autre côté.

8. Souffler fort à travers l'ouverture inférieure du ballon.

Aquarium

Modèle VI

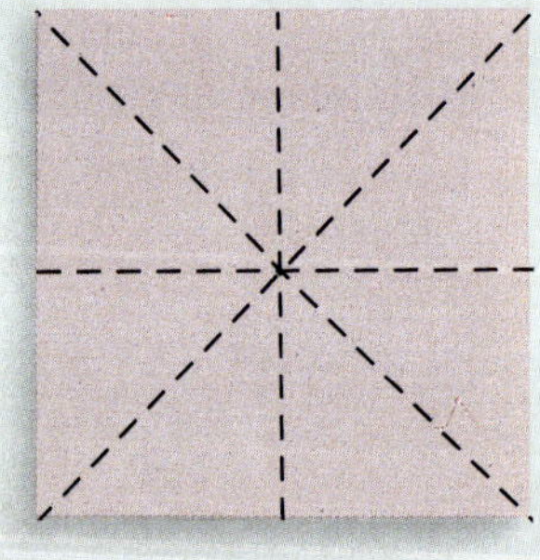

1. Prendre une feuille carrée, la plier quatre fois suivant les pointillés.

2. La replier diagonalement, côté blanc à l'intérieur.

3. Redresser la partie droite de la feuille en équerre,...

4. ... l'ouvrir et...

5. ... aplatir sur le corps de la figure.

6. Replier l'aile gauche...

7. ... vers la droite.

8. Recommencer les étapes 3 à 7 avec la partie gauche de la feuille.

9. Voici le modèle VI.

Violette

1. Utiliser le modèle VI, l'angle ouvert placé en haut. Ramener les pointes droite et gauche de devant...

2. ... sur le centre de la figure.

3. Recommencer pour l'autre côté. Puis, suivant les pointillés,...

4. ... rabattre les deux pointes sur le milieu.

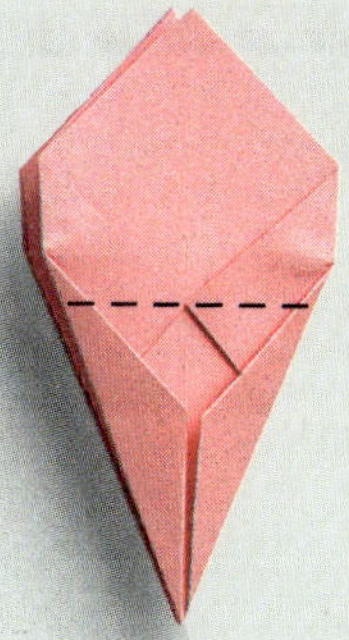

5. Faire la même chose sur l'autre côté. Sur le pointillé, faire une solide pliure, puis la rouvrir.

6. Écarter les pointes.

7. C'est une violette. On lui ajoutera une tige en fil de fer et des graines en papier fixées au centre de la corolle.

Rose

La rose est une combinaison des modèles IV et VI.

1. Prendre une grande feuille carrée (de 24 cm de côté) et la plier deux fois en diagonale.

2. Puis ramener les quatre pointes sur le centre, côté blanc à l'intérieur. Aplatir.

3. Ramener encore les quatre pointes de la figure obtenue sur le centre.

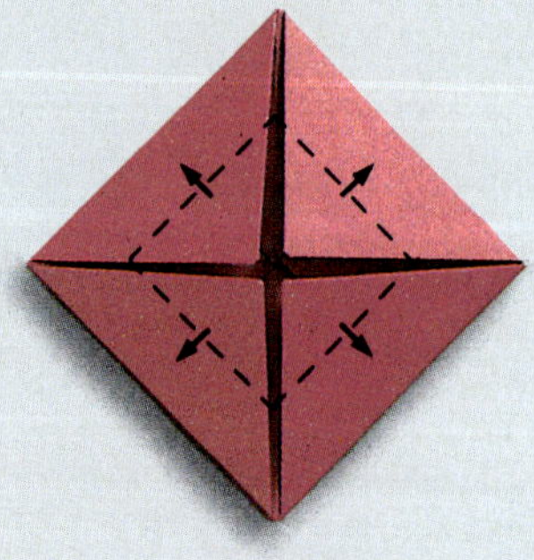

4. Ramener une troisième fois les pointes sur le centre. Suivant les pointillés...

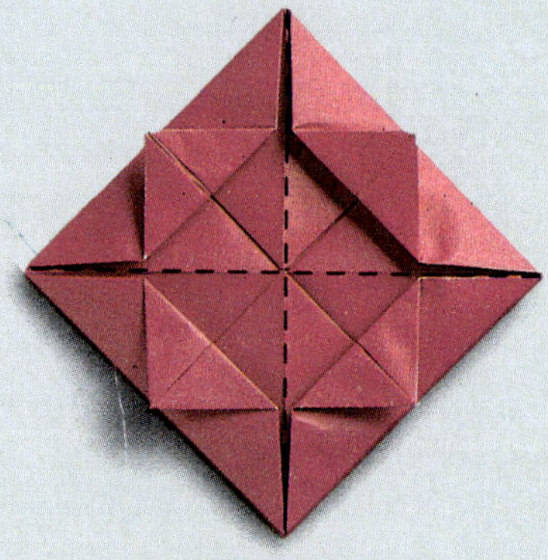

5. ... ouvrir les pointes situées au milieu de la figure. Elles viennent ainsi se placer au point central des bords extérieurs. Maintenant, suivre le modèle VI comme si la figure obtenue était une simple feuille carrée. Effectuer deux solides pliures sur les pointillés.

6. Plier la figure en diagonale.

7. Relever la partie droite en équerre,...

8. ... ouvrir l'angle, ...

9. ... l'aplatir fortement.

10. Replier vers la droite l'aile gauche ainsi obtenue.

11. Retourner la figure et faire la même chose à partir de l'étape 7.

12. Voici le modèle VI terminé.

13. Avec quatre doigts, tenir la figure par le bas.

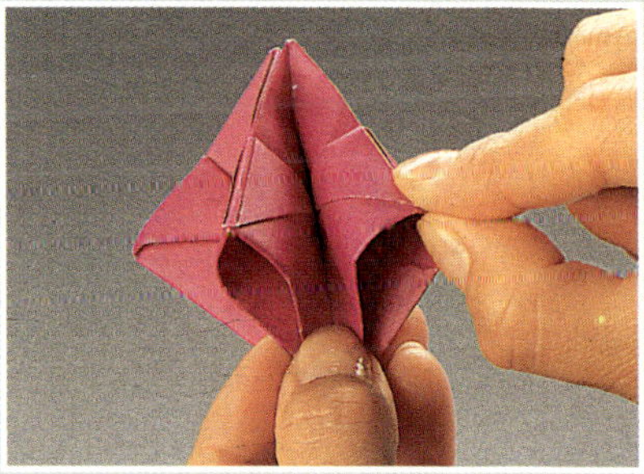

14. Arrondir les quatre fentes.

15. Relever les quatre ailes latérales extérieures en arrondi.

16. Ouvrir les quatre ailes du sommet.

17. Arrondir enfin les angles des ailes intérieures.

18. La rose est presque finie. Rapprocher et fixer ensemble à une tige métallique les pointes du bas. Enrouler la tige dans du papier crépon.

Boîte en étoile

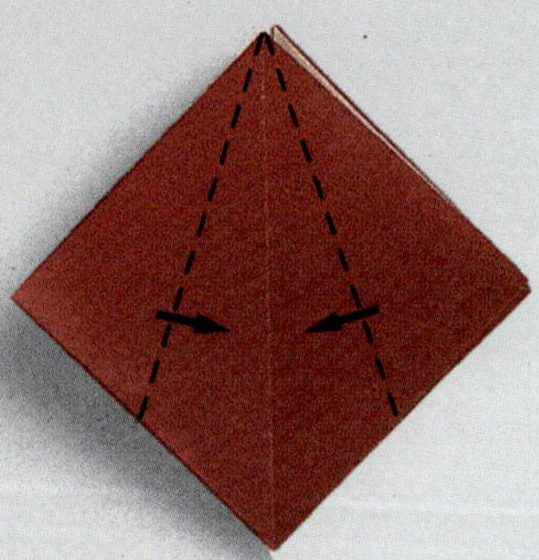

1. Reprendre le modèle VI (page 46) avec l'angle ouvert placé en haut. Ramener les ailes latérales suivant les pointillés...

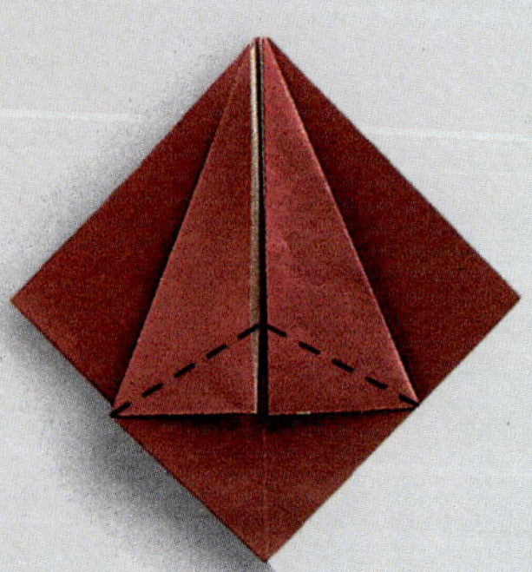

2. ... vers le centre. Effectuer deux solides pliures, suivant les pointillés.

3. Puis redresser une aile en équerre,...

4. ... l'ouvrir et...

5. ... aplatir.

6. La pliure doit être bien appuyée.

7. Faire la même chose avec l'autre aile. Retourner la figure et recommencer les étapes 2 à 6 sur ce côté. Suivant les pointillés...

8. ... rabattre vers l'intérieur les deux ailes extérieures.

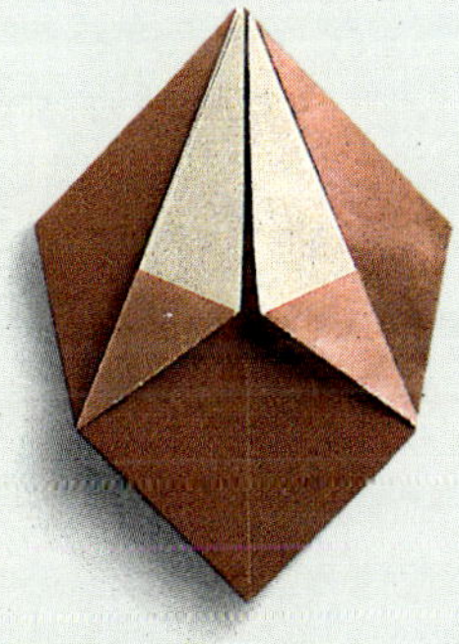

9. Tourner la figure et refaire l'étape 8.

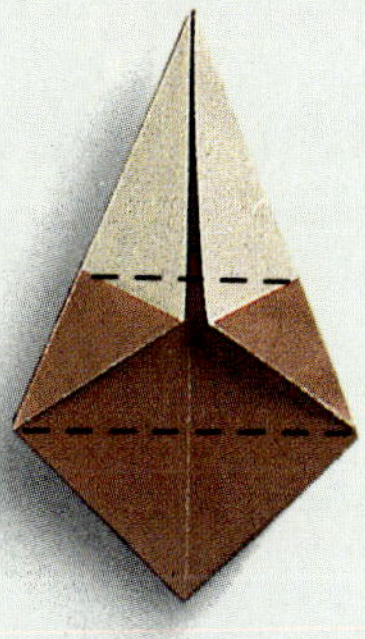

10. Effectuer deux fortes pliures au niveau des deux pointillés.

11. Ramener la pointe supérieure vers l'avant et rabattre la pointe du bas vers l'arrière.

12. Écarter délicatement les deux pointes opposées pour ouvrir la boîte en forme d'étoile.

13. Renforcer avec l'ongle les pliures du sommet de la boîte.

14. A l'aide des pliures déjà obtenues, aplatir le fond de la boîte.

15. Bien appuyer aux angles.

16. La boîte en étoile est prête.

Lys

1. A réaliser selon modèle VI (page 46). En suivant les pointillés, effectuer...

2. ... deux pliures. Redresser en équerre l'aile avant droite, ...

3. ... l'ouvrir ...

4. et l'aplatir juste à l'horizontale.

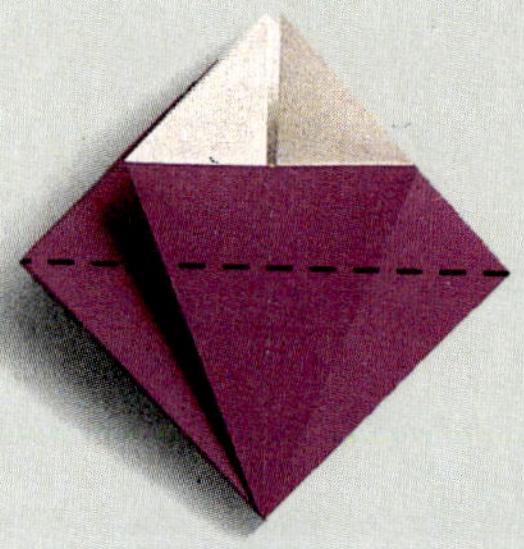

5. Effectuer une pliure sur les pointillés.

6. Refermer les pointes sur le centre, puis les rouvrir.

7. Rabattre légèrement vers le bas...

8. ... et appuyer sur les deux angles de l'ouverture.

9. Aplatir entièrement. Replier la pointe du bas...

10. ... vers le haut.

11. Replier ensuite la partie gauche de l'aile vers la droite.

12. Recommencer les étapes 2 à 11 avec l'aile avant gauche.

13. Retourner la figure. Recommencer les étapes 2 à 12. On obtient alors deux losanges identiques imbriqués l'un dans l'autre.

14. Replier l'une des pointes vers le bas, suivant le pointillé.

15. Replier également les trois autres pointes. Bien appuyer.

16. Écarter légèrement deux pointes opposées...

17. ... puis les deux autres.

18. C'est un iris.

19. Arrondir à l'aide d'un crayon les quatre pétales et l'iris...

20. ... devient un lys.

Grenouille

1. Prendre le lys à son étape 9 (pages 52-53), mais la figure est renversée, fente en bas.

2. Rabattre l'aile droite du losange vers la gauche.

3. Recommencer les étapes 1 et 2 sur les trois autres côtés de la figure. Suivant les pointillés...

4. ... rabattre les angles sur le milieu.

5. Refaire les mêmes pliures sur les trois autres côtés. Puis replier l'une des trois ailes vers la droite.

6. Retourner la figure et recommencer l'étape 5. Replier, suivant les pointillés, les deux pointes inférieures avant...

7. ... vers le haut puis les rabattre.

8. Écarter l'une de l'autre les deux ailes de droite.

9. Redresser complètement la pointe suivant la pliure obtenue et l'aplatir. Faire de même...

10. ... avec la pointe de gauche : ce sont les pattes avant de la grenouille.

11. Modeler maintenant les quatre pattes suivant les pointillés, c'est-à-dire :

12. Redresser chaque pointe et aplatir l'angle formé.

13. Le rouvrir.

14. Recommencer sur les pointillés suivants pour chaque patte.

15. Gonfler le corps en soufflant dans l'ouverture située entre les pattes arrière. Retourner.

16. Pour finir la grenouille, peindre ou coller deux yeux.

Crabe

1. Prendre le lys, à l'étape 10 (pages 52-53).

2. Rabattre les quatre pointes centrales autour de la figure. Suivant le pointillé...

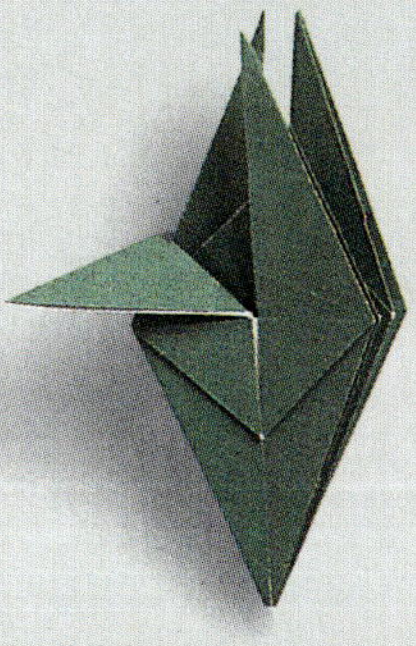

3. ... abaisser la pointe supérieure gauche. Rouvrir cette pliure.

4. Tirer sur cette même pointe pour l'amener...

5. ... à l'horizontale.

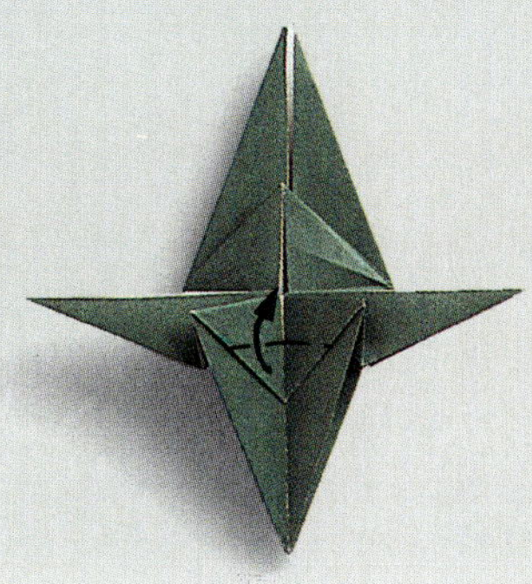

6. Aplatir la partie gauche de la figure et recommencer avec la pointe supérieure droite (étapes 3 à 5). Redresser la pointe centrale suivant le pointillé.

7. La replier une seconde fois vers le haut. Effectuer, en suivant les traits, les pliures des pinces et pattes arrière du crabe, comme suit.

8. Ouvrir une première pince.

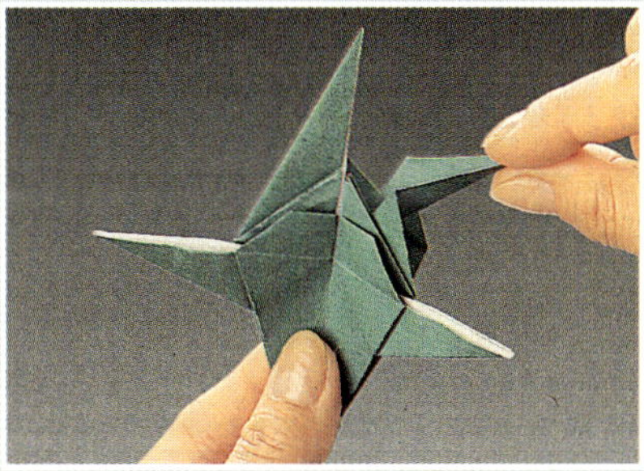

9. Suivant la pliure existante, replier vers l'intérieur. Recommencer pour l'autre pince et les pattes.

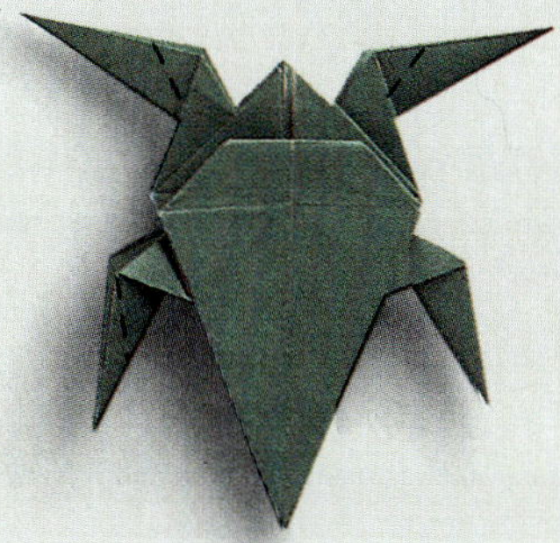

10. Suivant les nouveaux pointillés, refaire les étapes 7 à 9.

11. Effectuer deux nouvelles pliures solides suivant les pointillés.

12. Arrondir l'ouverture des deux yeux.

13. Arrondir la pointe de chaque pince, vers l'intérieur.

14. Retourner le modèle.

15. Suivant les pointillés, rabattre vers l'intérieur la pointe supérieure et vers le haut puis vers le bas, la pointe inférieure de la figure.

16. Retourner à nouveau la figure.

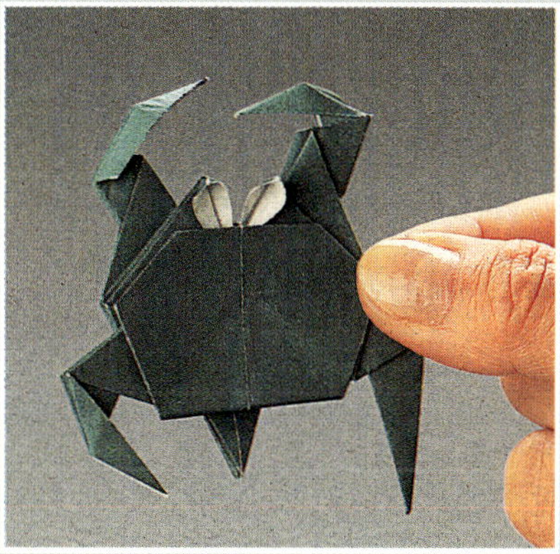

17. Le crabe est terminé.

Nénuphar

1. Utiliser, de préférence, une grande feuille carrée de papier fin (papier de soie, 24 cm de côté). Effectuer les pliures suivant les pointillés.

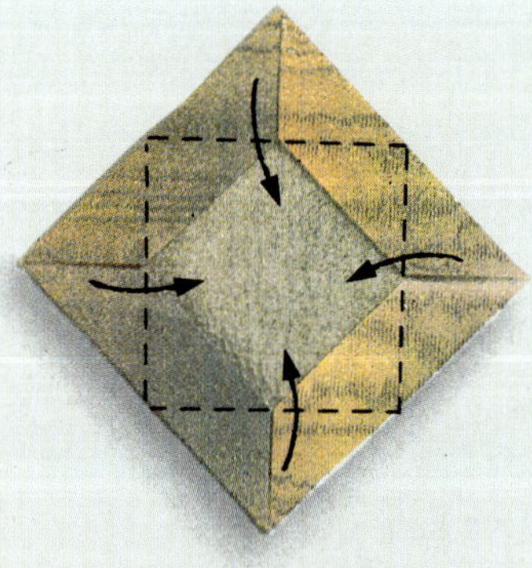

2. Replier chaque angle deux fois sur le centre. Suivant les nouveaux pointillés,...

3. ... replier encore sur le centre. Effectuer deux pliures perpendiculaires.

4. Refermer en diagonale.

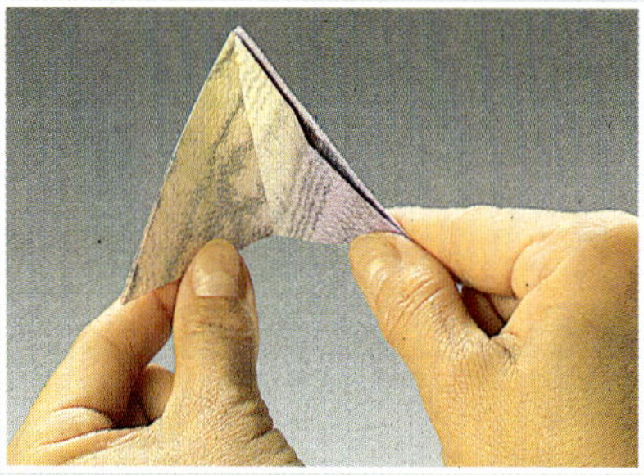

5. Replier la partie droite en équerre.

6. Aplatir l'ouverture.

7. Rabattre l'aile gauche du triangle obtenu...

8. ... vers la droite.

9. Recommencer les étapes 5 à 8 pour la partie gauche.

10. Redresser la pointe droite supérieure en équerre, ...

11. ... l'ouvrir et l'aplatir.

12. Effectuer des pliures suivant les pointillés.

13. Refermer les pointes supérieures du losange central puis les rouvrir.

14. Élargir l'ouverture avec le doigt.

15. Rapprocher les deux pointes du losange.

16. Rabattre la pointe inférieure du losange...

17. ... vers le haut. Refermer le losange vers la droite.

18. Recommencer les étapes 9 à 17 pour les trois autres ailes.

19. Replier deux pointes opposées...

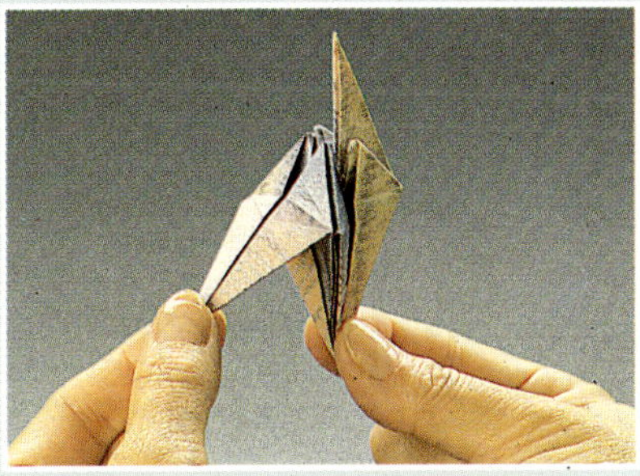

20. ... et tirer vers le bas les deux autres.

21. Retourner la figure. Arrondir avec un crayon les pétales extérieurs.

22. Ouvrir et former les pétales intérieurs.

Grues

Modèle VII

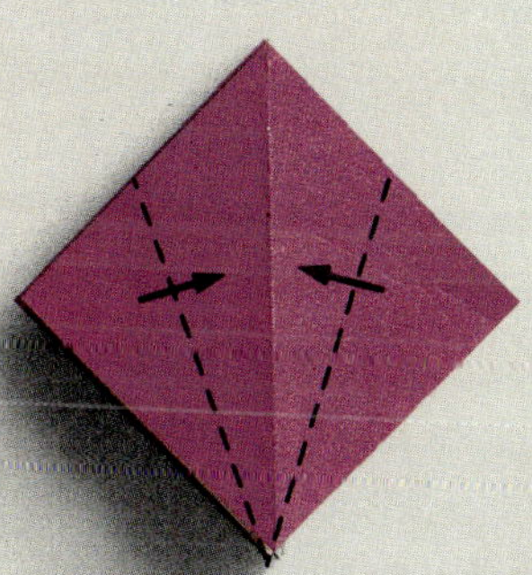

1. Commencer avec le modèle VI (page 46), ouverture placée en bas. Suivant les pointillés,...

2. ... rabattre les deux pointes latérales sur le centre. Suivant le nouveau pointillé,...

3. ... replier la pointe supérieure vers le bas.

4. Rouvrir les trois dernières pliures.

5. Ouvrir délicatement par le bas.

6. Tirer entièrement vers le haut.

7. Rabattre par le milieu.

8. Aplatir et retourner la figure. Recommencer sur l'autre côté à partir de l'étape 2.

9. Le modèle VII est fini.

Grue volante

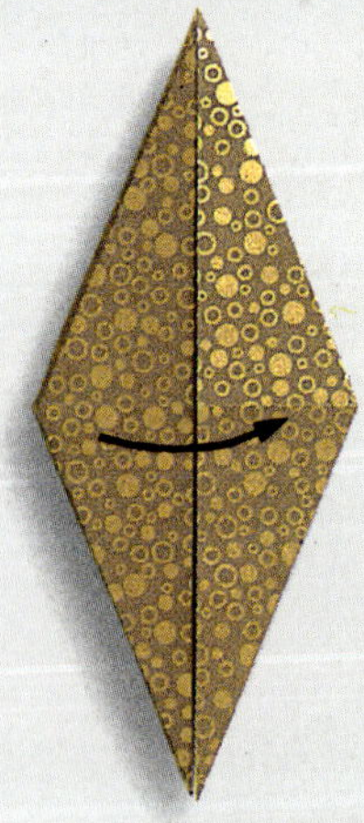

1. Utiliser le modèle VII (page 61), ouverture placée vers le bas.

2. Replier l'aile gauche avant vers la droite. Recommencer sur l'autre côté. Rabattre la pointe inférieure du dessus...

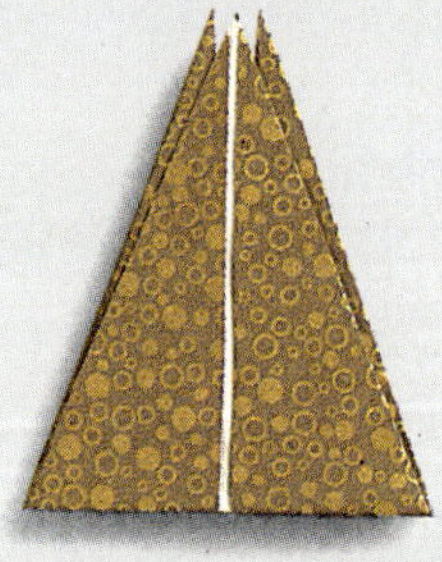

3. ... vers le haut et recommencer sur l'autre côté de la figure.

4. Écarter légèrement les pointes latérales et aplatir. Effectuer une pliure sur la pointe gauche, suivant le trait...

5. ... et replier vers l'intérieur. Voici la tête.

6. Arrondir les ailes avec un crayon.

7. La grue remue ses ailes lorsque l'on tire légèrement sur la queue en retenant le corps.

Grue assise

1. Reprendre le modèle VII (page 61), l'ouverture placée en bas. En suivant les pointillés,...

2. ... rabattre les deux pointes latérales vers le centre. Recommencer sur l'autre côté de la figure.

3. Effectuer une forte pliure suivant le nouveau pointillé.

4. Écarter et ouvrir les deux ailes du côté gauche.

5. Redresser sur leur pliure les deux pointes du bas.

6. Aplatir le tout.

7. Incliner le haut de la pointe droite.

8. Écarter délicatement les ailes en les tirant de chaque côté du bout des doigts.

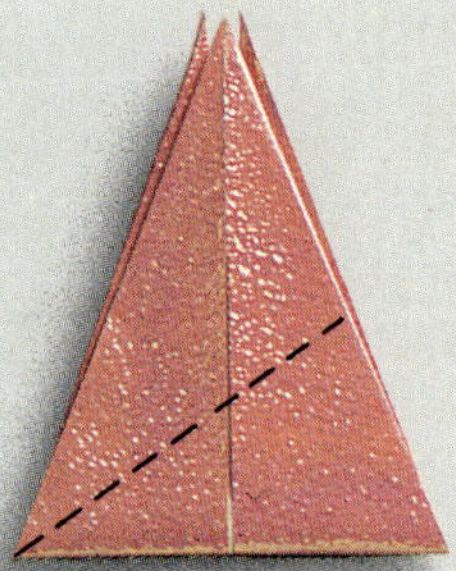

3. ... vers le haut. De même pour l'autre côté. Suivant le pointillé, ...

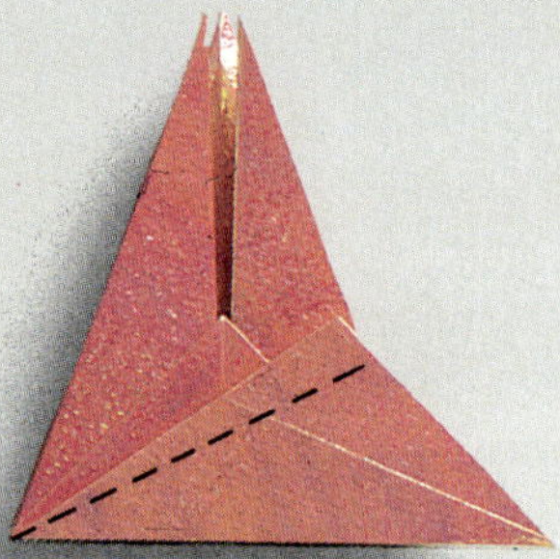

4. ... replier la pointe supérieure du dessus vers le bas, sur la base horizontale. Suivant le nouveau pointillé,....

Grue couvant

1. Reprendre le modèle VII, l'ouverture placée en bas. Rabattre l'aile gauche...

2. ... vers la droite. Recommencer sur l'autre côté. Rabattre la pointe inférieure du dessus...

5. ... replier vers le haut, bord extérieur exactement superposé au petit triangle intérieur. Suivant le pointillé, ...

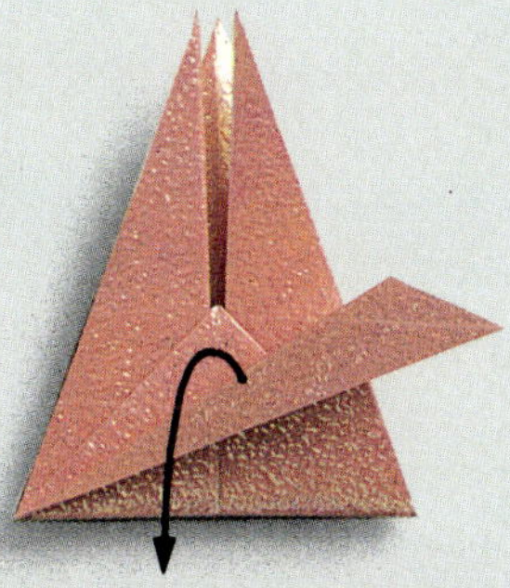

6. ... effectuer une pliure puis déployer complètement.

7. Replier vers le haut, suivant le pointillé.

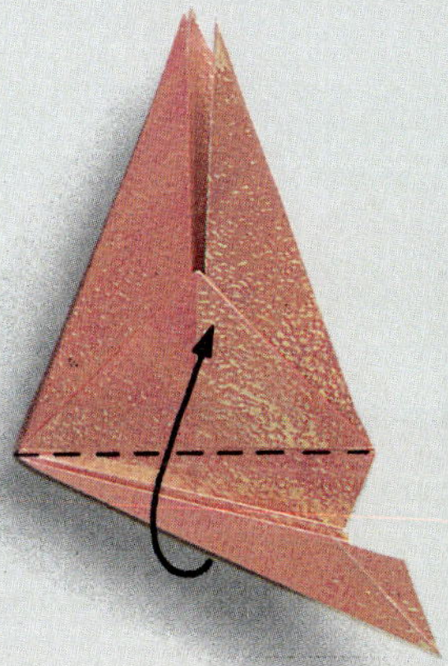

8. Rabattre une nouvelle fois vers le haut, suivant le pointillé.

9. Suivant ce dernier pointillé, ...

10. ... replier vers le bas.

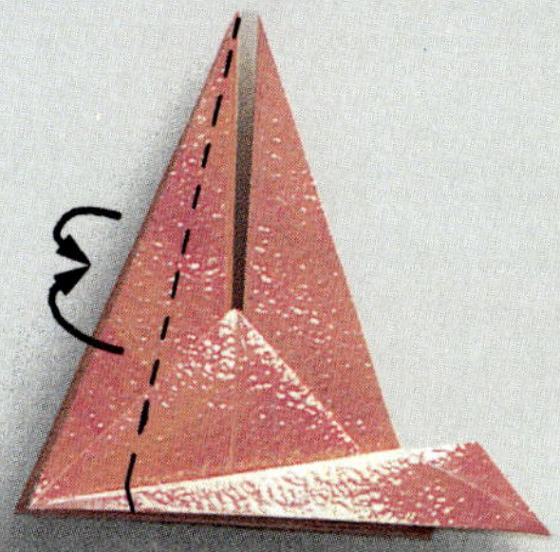

11. Répéter les étapes 4 à 10 pour l'autre côté de la figure, rabattant l'aile, cette fois, vers la gauche (étape 2). Suivant les pointillés ...

12. ... replier vers l'intérieur et appuyer fortement.

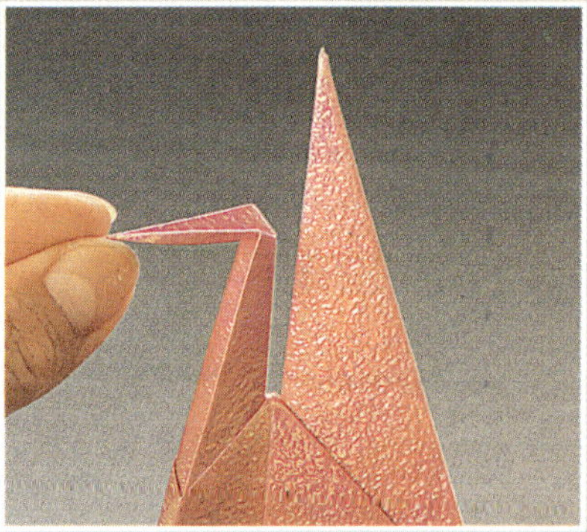

13. Replier le haut de la pointe gauche pour former la tête.

14. Déployer délicatement les deux ailes. C'est une grue qui couve.

Étoiles

Étoile A

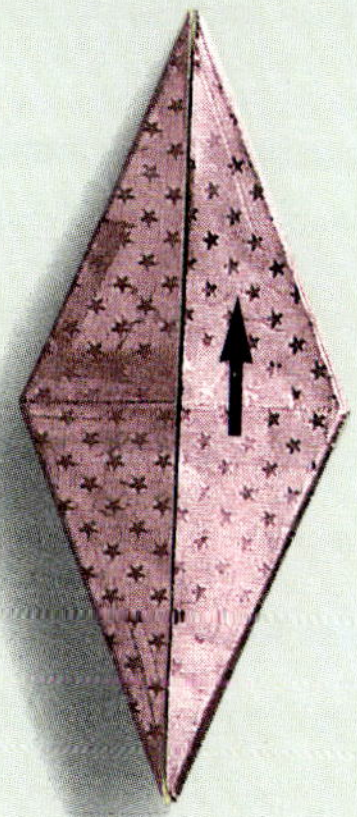

1. Prendre le modèle VII (page 61), pointe ouverte vers le haut.

2. Rabattre la pointe du dessus vers le haut, retourner la figure.

3. Suivant les pointillés, plier les deux pointes du haut...

4. ... vers l'extérieur puis les replacer.

5. Tirer l'aile gauche à la verticale, ...

6. ... l'ouvrir et l'aplatir.

7. Procéder de même avec l'aile droite.

8. En collant trois étoiles ensemble, on obtient l'étoile A.

Étoile B

1. Reprendre le modèle VII (page 61), pointe ouverte vers le bas.

2. Ouvrir les deux ailes de gauche.

3. Replier la pointe inférieure à l'horizontale puis la replacer.

4. Répéter l'ensemble avec les deux ailes de droite. Suivant les pointillés, ...

5. ... rabattre les deux pointes du bas, des deux côtés de la figure.

6. Saisir la figure par deux ailes opposées.

7. Écarter lentement les deux autres ailes jusqu'à...

8. ... former un carré au centre.

9. Bien aplatir le tout puis retourner la figure.

10. Redresser l'un des quatre triangles du centre...

11. ... à la perpendiculaire, ...

12. ... l'ouvrir et l'aplatir.

13. Répéter pour les trois autres triangles. Suivant les pointillés,...

14. ... rabattre les angles des quatre ailes. Effectuer des pliures suivant les nouveaux pointillés.

15. Ouvrir en tirant lentement vers le haut.

16. Rapprocher les deux bords de la fente et aplatir. Répéter pour les autres ailes. Retourner enfin la figure.

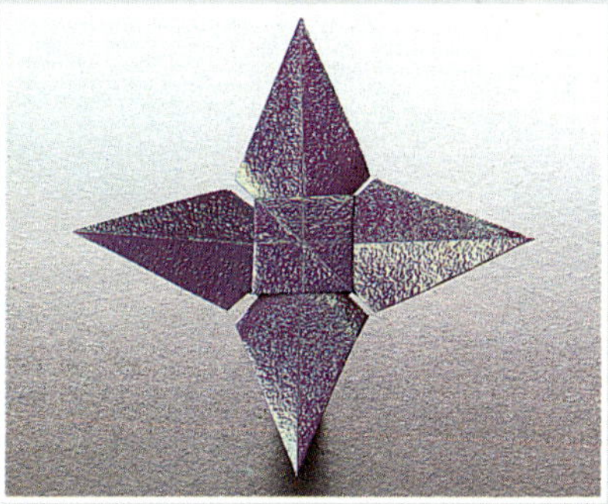

17. Voici l'étoile B.

Lièvre

1. Commencer à l'étape 7 du modèle VII (page 61) et retourner la figure.

2. Suivant les pointillés,...

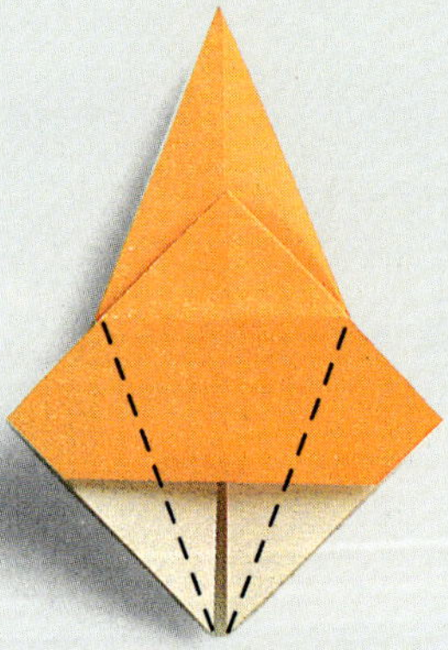

3. ... replier l'aile du dessus vers l'intérieur. Sur les pointillés, ...

4. ... abattre aussi les deux bords vers l'intérieur. Retourner la figure.

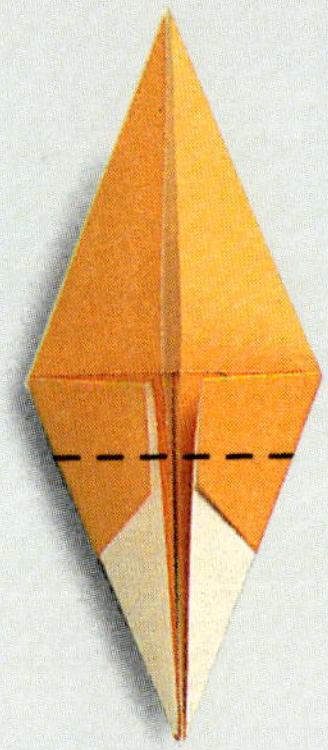

5. Suivant les pointillés, ...

6. ... relever les deux pointes de la base vers le haut.

7. Plier la figure en deux par son milieu. Les deux pointes sont à droite ; les redresser...

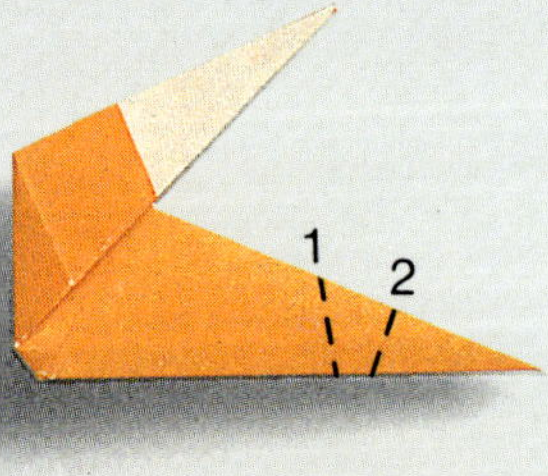

8. ... à moitié et bien aplatir. Effectuer deux solides pliures sur les pointillés.

9. Ramener la pointe vers l'intérieur, sur la pliure (1),...

10. ... vers l'extérieur, sur la pliure (2).

11. Effectuer une nouvelle pliure sur les pointillés.

12. Rabattre la queue, sur cette pliure, vers le bas.

13. Plier les oreilles suivant les pointillés,...

14. ... vers le bas. Préparer une pliure sur le petit angle droit, sous la queue.

15. Replier cet angle vers l'intérieur, des deux côtés de la queue.

16. Ouvrir les pointes des oreilles.

17. Les replier vers l'avant.

18. Sur les pointillés, à l'arrière des oreilles, faire une forte pliure.

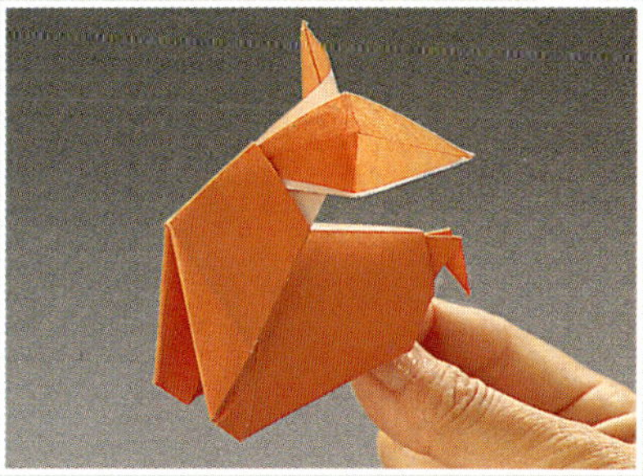

19. Rouvrir les oreilles. Le lièvre est terminé.

2. ... vers l'extérieur, tirer...

3. ... jusqu'à la mise à plat.

Masque de diable

1. Prendre le modèle VII (page 61), la pointe ouverte est placée à gauche. Rabattre les deux ailes de cette pointe...

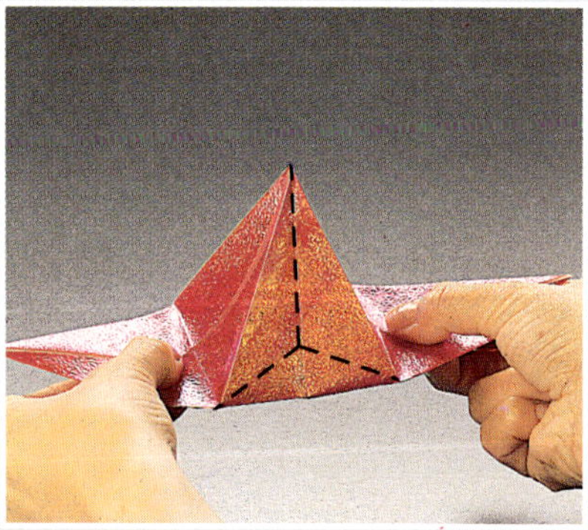

4. Retourner la figure. Suivant les pointillés, ...

5. ... rapprocher les deux pointes vers le centre et...

6. ... les aplatir sur toute leur longueur, jusqu'au plan de travail.

7. Replier le papier par le milieu.

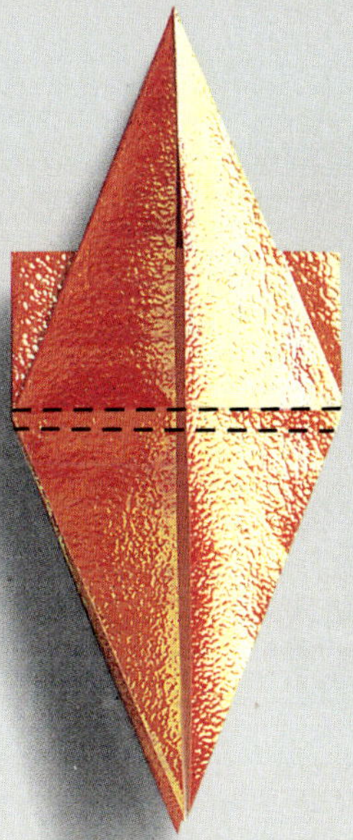

8. Préparer deux pliures parallèles suivant les pointillés.

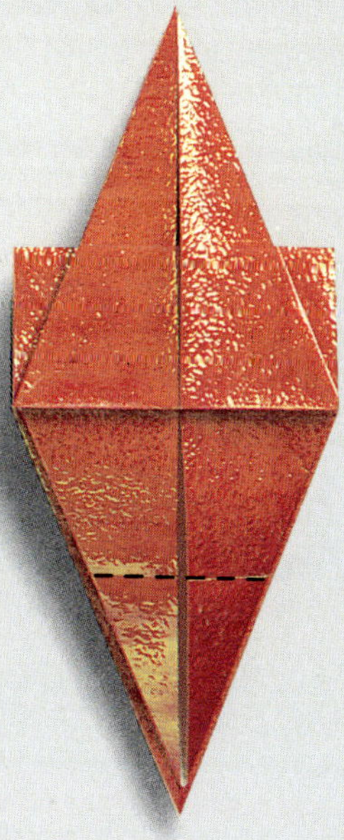

9. Rabattre la pointe sur sa pliure du haut, vers l'intérieur, puis sur sa pliure du bas, vers l'extérieur. Suivant les pointillés, ...

10. ... replier vers le haut puis effectuer deux nouvelles pliures.

11. Sur la pliure inférieure, rabattre vers le bas, sur l'autre, vers le haut : c'est le nez. Pour la bouche, procéder de la même façon, inversement. Puis viennent les pliures des yeux, ...

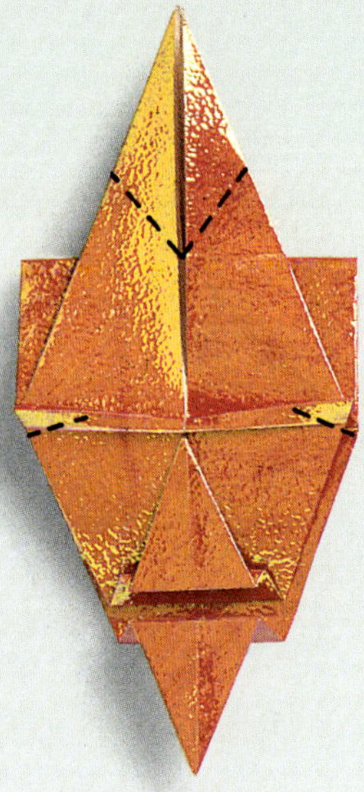

12. ... les pointillés venant se placer à l'intérieur. Suivant les pointillés, rabattre vers l'extérieur...

13. ... les oreilles.

14. Redresser les oreilles et ouvrir leur pointe.

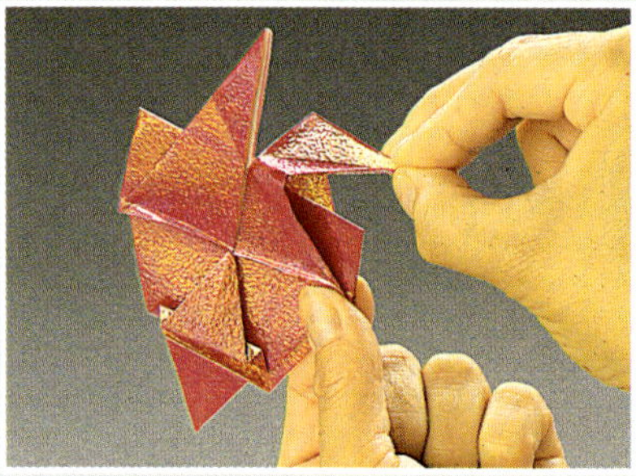

15. Les rabaisser, la pliure devenant intérieure.

16. Replier les pointes vers le haut et procéder comme expliqué aux étapes 13 à 15. Puis retourner la figure.

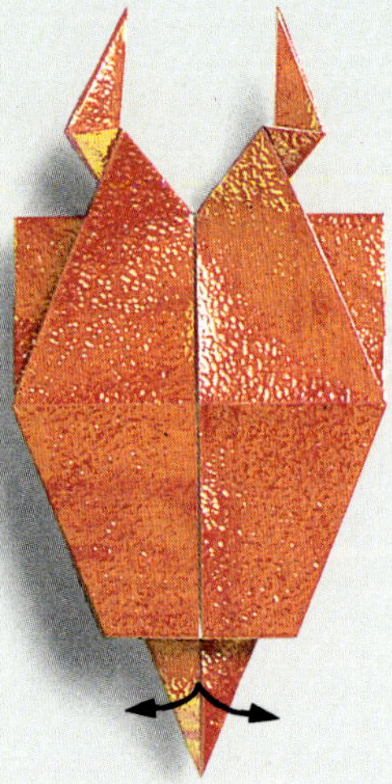

17. Ouvrir légèrement la fente pour former la barbe et...

18. ... bien aplatir.

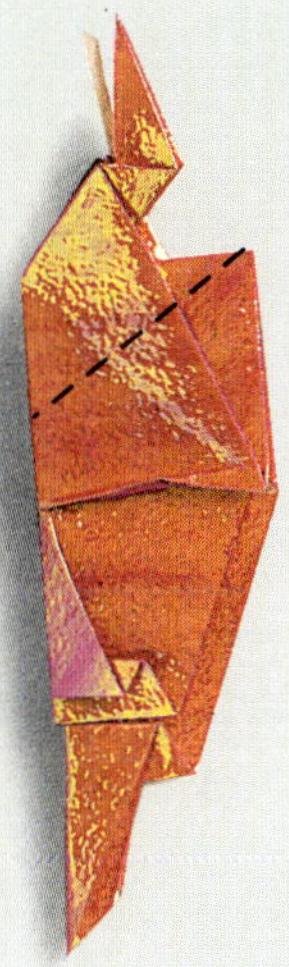

19. Replier la figure par son milieu puis, suivant le pointillé, ...

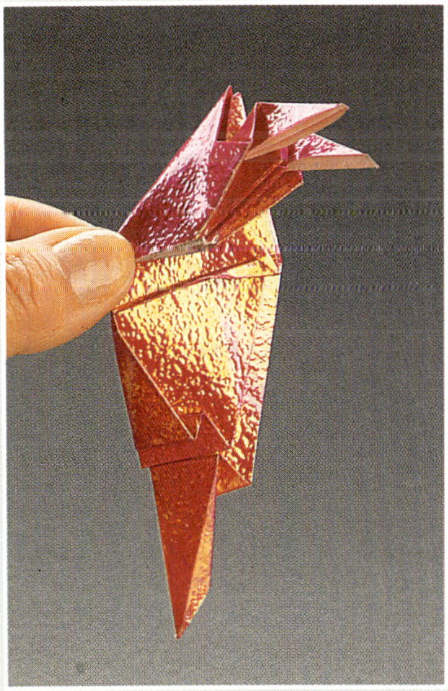

20. ... replier la partie supérieure de la tête.

21. A l'aide des pliures obtenues, rapprocher les deux oreilles puis les replacer.

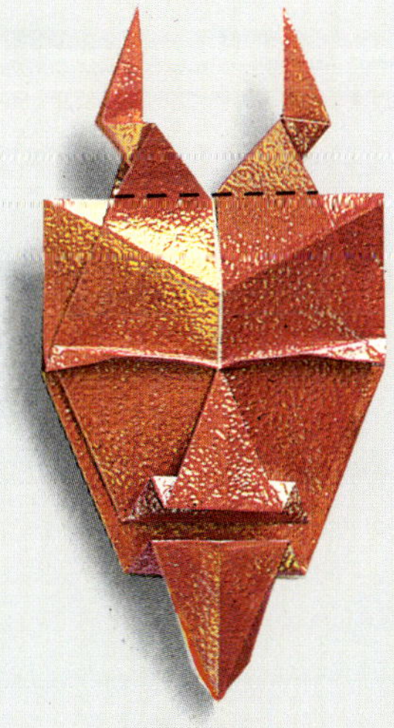

22. Suivant les pointillés, ...

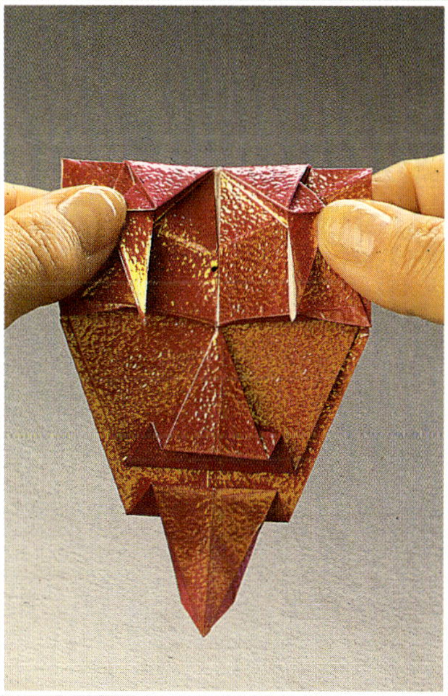

23. ... rabattre les oreilles vers l'avant puis les remettre en place.

24. Donner du volume au nez. Le masque de diable est terminé.

3. ... rabattre vers le centre.

Masque de renard

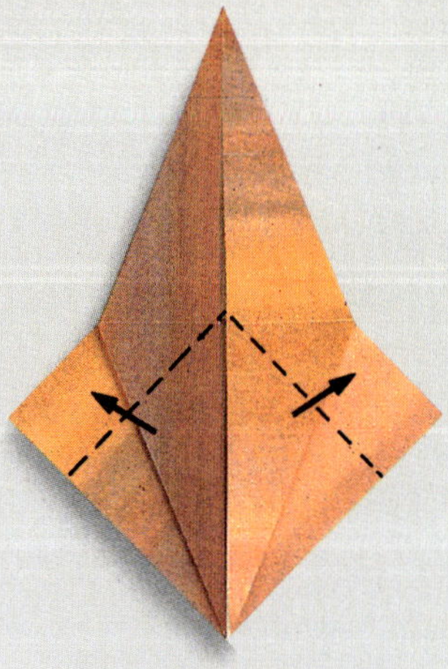

1. Prendre le modèle VII à l'étape 7 (page 61). Suivant les pointillés, ...

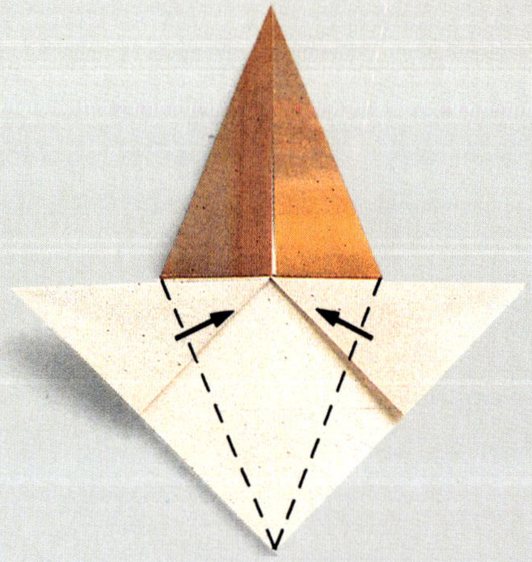

2. ... replier les pointes vers le haut. Suivant les nouveaux pointillés, ...

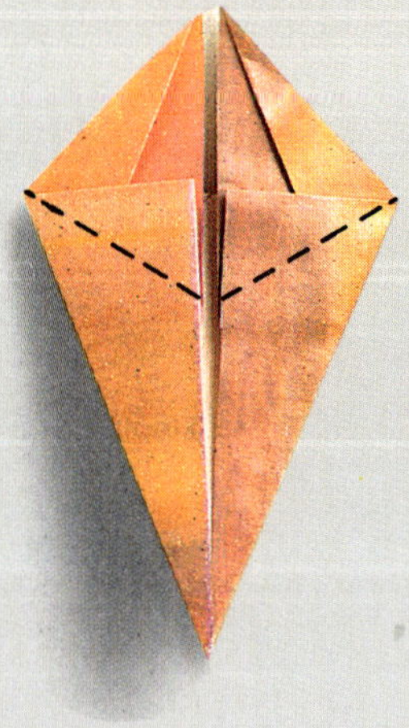

4. Replier la pointe supérieure vers l'arrière. Suivant les pointillés, ...

5. ... replier les deux angles vers l'extérieur, puis...

6. ... les ramener à la perpendiculaire.

7. Ouvrir et aplatir ces deux angles.

8. Suivant les pointillés, refermer les quatre nouveaux angles obtenus.

9. Effectuer deux pliures suivant les pointillés.

10. Défaire ce qui a été obtenu dans les étapes 8 et 9. Tirer vers le haut les deux ouvertures et...

11. ... rapprocher les bords, aplatir.

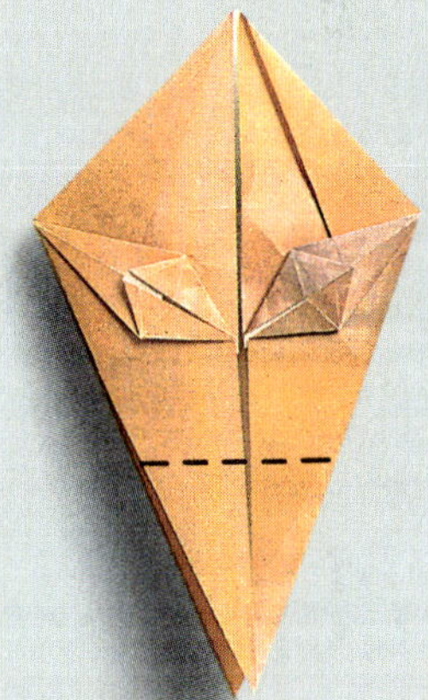

12. Suivant les pointillés, ...

13. ... rabattre la pointe inférieure du dessus vers le haut. Suivant les pointillés, ...

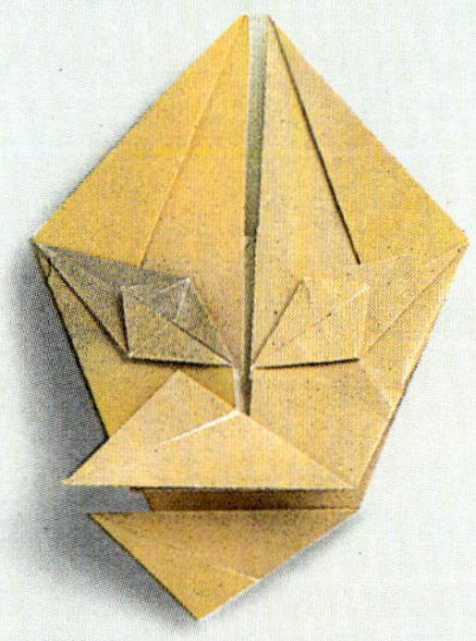

14. ... refermer en amenant les deux pointes à gauche. Aplatir, ...

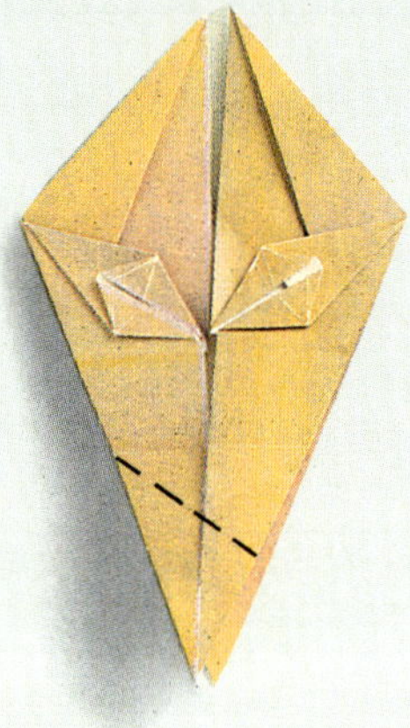

15. ... déplier. Replier maintenant en suivant les pointillés...

16. ... ces deux pointes vers la droite.

17. Aplatir puis déplier. Replacer la pointe du dessus vers le haut.

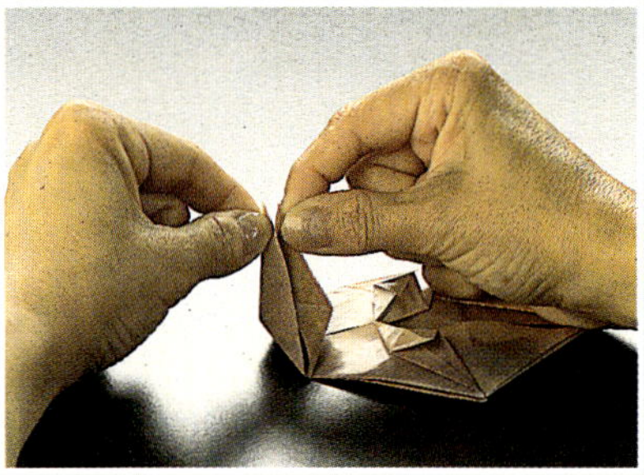

18. Ramener les deux pointes l'une vers l'autre, à la verticale et...

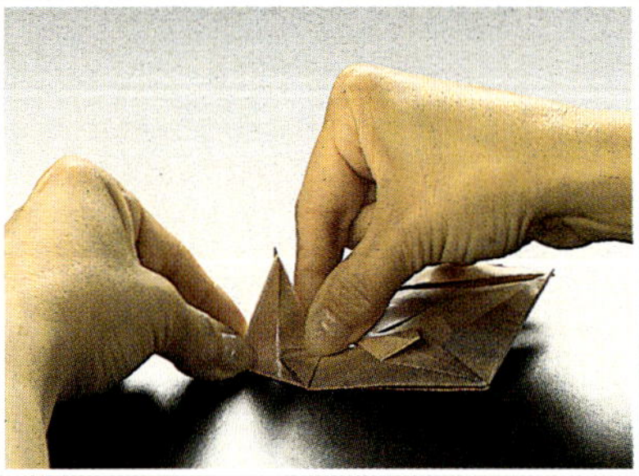

19. ... les aplatir jusqu'à la base.

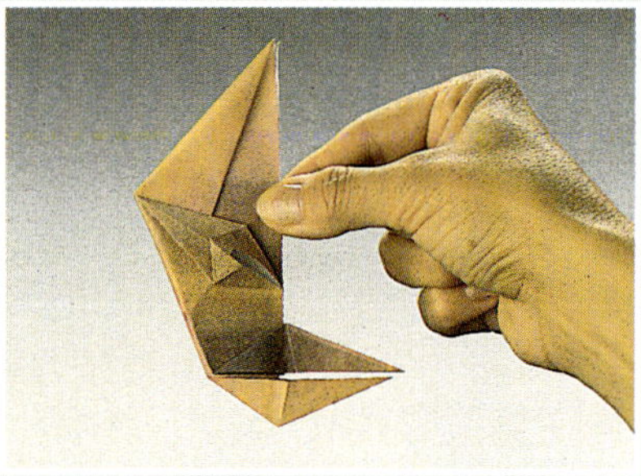

20. Refermer la figure par son milieu.

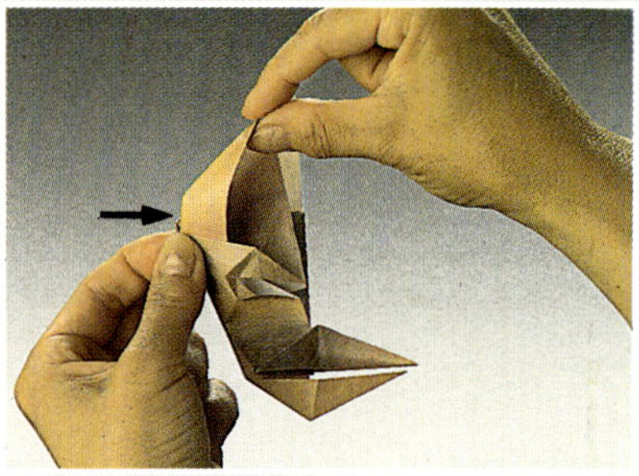

21. Replier les angles vers l'intérieur et ouvrir les oreilles.

22. Voici le masque terminé.

Désert

Chameau

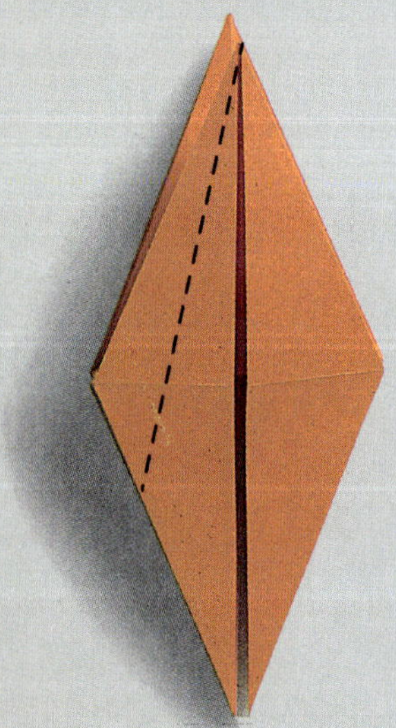

1. Commencer avec le modèle VII (page 61), pointe ouverte placée en bas. Suivant le pointillé, ...

2. ... rabattre sur l'extérieur chacune des deux pointes superposées de gauche. Suivant le pointillé, ...

3. ... replier la pointe inférieure de droite vers le haut. Puis déplier.

4. Ouvrir les deux pointes superposées de droite, ...

5. ... sur la pliure obtenue, refermer vers l'intérieur. Aplatir.

6. Sur le pointillé (1), rabattre vers l'extérieur chacune des deux pointes superposées. Sur le pointillé (2), effectuer une forte pliure.

7. Ouvrir maintenant les deux pointes superposées de gauche et...

8. ... redresser vers le haut, sur la pliure obtenue.

9. Suivant les pointillés, ...

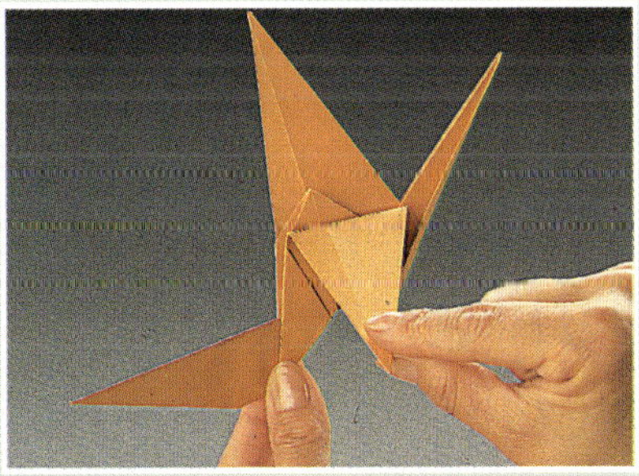

10. ... rabattre vers l'extérieur les deux pointes supérieures superposées.

11. Rouvrir les pliures de l'aile droite. Suivant les pointillés, rabattre l'angle gauche de l'aile centrale...

12. ... vers la droite et aplatir.

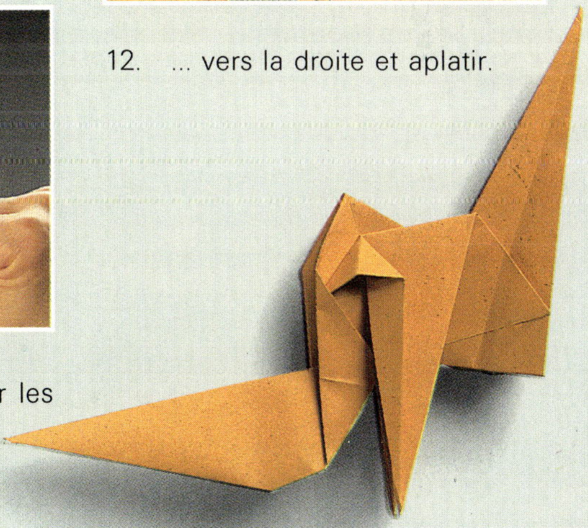

13. Recommencer sur l'autre côté de la figure. Voici les pattes avant.

14. Effectuer une solide pliure sur les pointillés.

15. Redresser un peu une patte pour rabattre vers l'intérieur l'angle du haut.

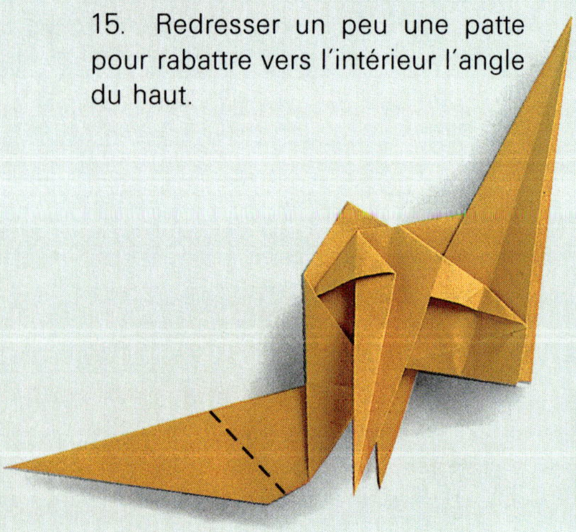

16. Replier suivant les pointillés...

17. ... vers l'avant et rabattre sur l'extérieur les deux ailes de l'angle de droite.

18. Redéplier et ouvrir la pointe de gauche.

19. Sur la pliure obtenue, la relever vers le haut.

20. Faire une solide pliure suivant le pointillé.

21. Rouvrir la pointe.

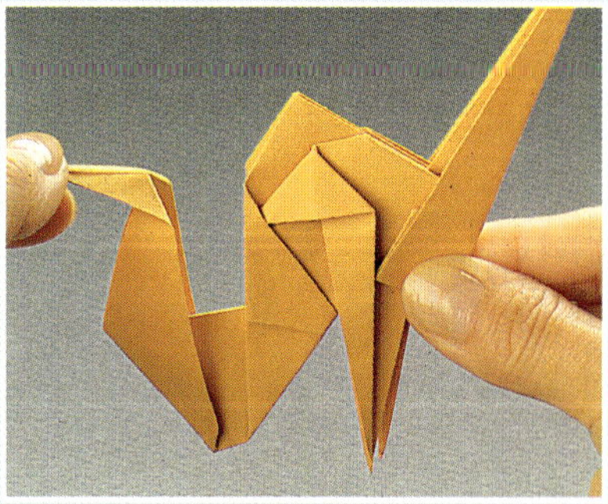

22. Sur la pliure obtenue, rabattre vers la gauche.

23. Aplatir la tête puis en rabattre la pointe vers l'intérieur. Effectuer une pliure sur le pointillé à droite.

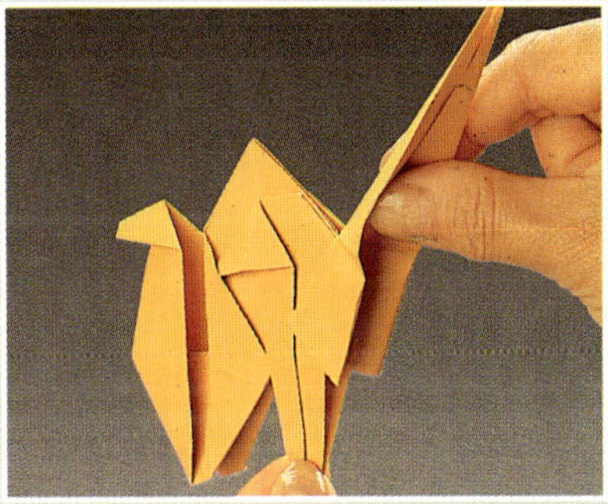

24. Ouvrir l'aile et, ...

25. ... sur la pliure obtenue, replier l'aile vers l'intérieur.

26. Effectuer deux pliures parallèles sur les pointillés.

27. Sur la première pliure, redresser l'aile vers le haut, ...

28. ... sur la deuxième, vers le bas. Ce sont les pattes arrière.

29. Le chameau est fini.

30. Sur les pointillés, replier les deux pattes avant vers la droite et les pattes arrière vers la gauche.

31. Le chameau est assis.

Sapin
de Noël

Botte

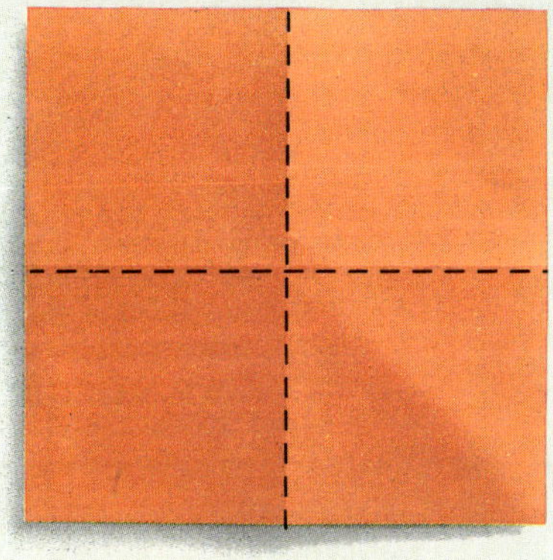

1. Utiliser un papier rectangulaire (longueur supérieure de 0,5 cm à la hauteur). Effectuer deux pliures suivant les pointillés. Le retourner sur le côté blanc.

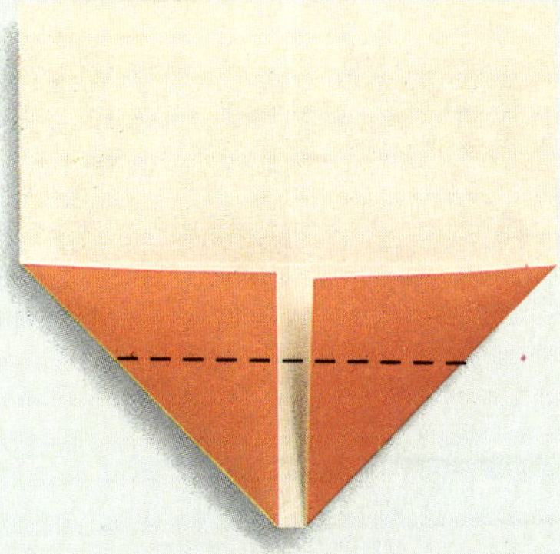

2. Replier les deux pointes du bas sur la ligne horizontale. Suivant le pointillé, ...

3. ... rabattre la pointe vers le haut, puis vers le bas sur le second pointillé. Suivant le pointillé du haut, ...

4. ... replier le bord supérieur vers l'arrière. Plier et déplier les ailes gauche et droite.

5. Plier la figure en deux.

6. Tirer la pointe du bas vers la gauche et bien aplatir.

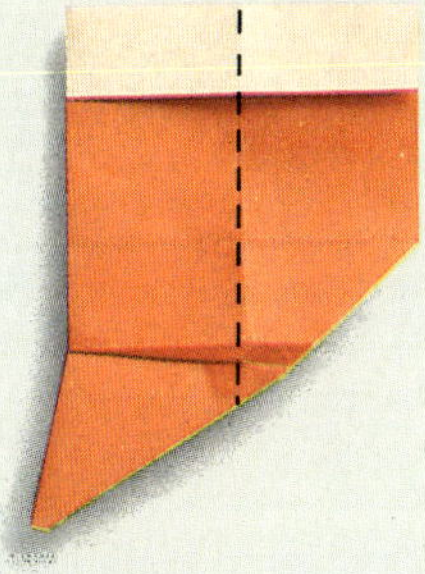

7. Rabattre l'aile gauche du dessus...

8. ... vers l'intérieur...

9. ... et celle du dessous vers la gauche. Retourner la figure.

10. Voici la botte du père Noël.

Poisson bavard

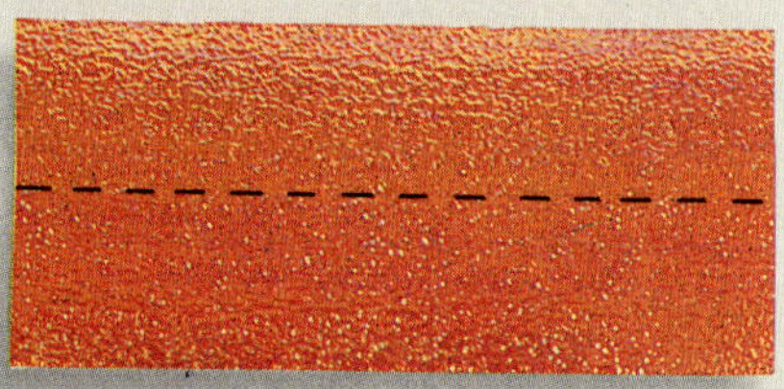

1. Utiliser une feuille dont la hauteur est inférieure à la moitié de la longueur. La plier par le milieu.

2. Sur le côté blanc et suivant les pointillés, ...

3. ... rabattre les quatre angles.

4. Retourner la figure. Suivant les pointillés, ...

5. ... plier les pointes vers l'avant.

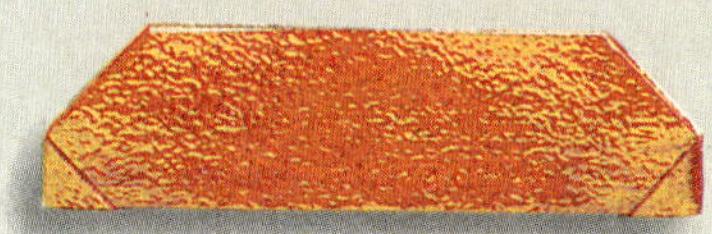

6. Plier la figure en deux, côté blanc à l'intérieur.

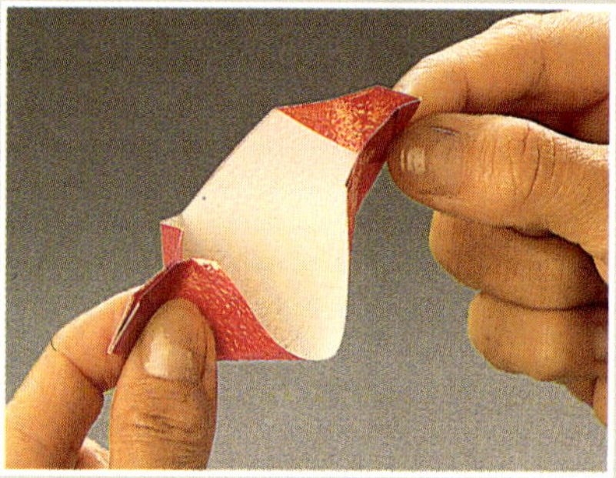

7. Tenir la figure par les deux bouts et les rabattre l'un dans l'autre.

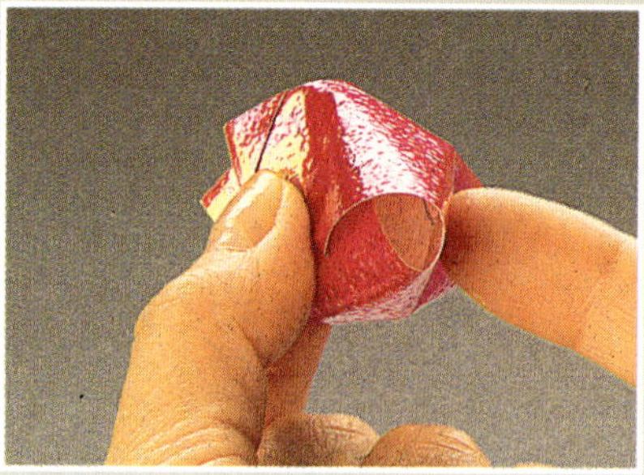

8. Tenir et enfoncer du doigt la partie opposée sur sa pliure.

9. Rabattre l'un sur l'autre les bords inférieurs et aplatir.

10. Peindre ou coller les yeux. Replier le bout de la queue. En écartant légèrement les deux ailes de la queue, le poisson parle.

Singe

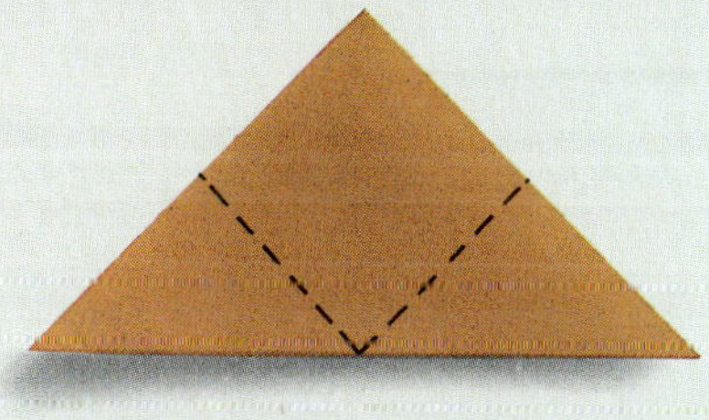

1. Il faut une feuille triangulaire. (Une feuille carrée pliée en deux sur sa diagonale). Suivant les pointillés, ...

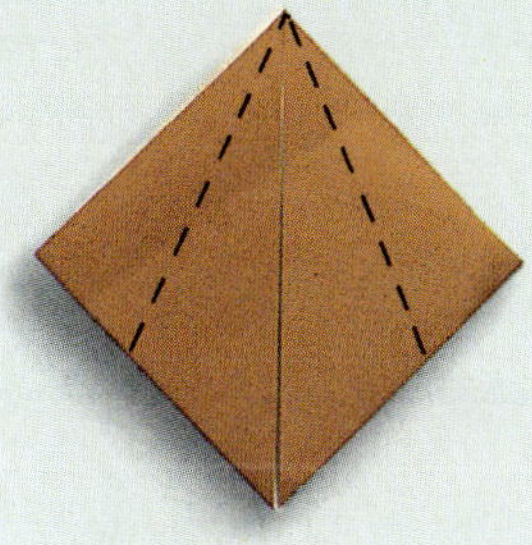

2. ... rabattre les deux angles vers le haut. Nouveaux pointillés, ...

3. ... rabattre les ailes sur le centre. Puis les déplier.

4. Ouvrir la partie gauche de la figure.

5. Sur la pliure obtenue, rabattre cette partie vers l'intérieur.

6. Aplatir.

7. Répéter les étapes 4 à 6 pour la partie droite de la figure.

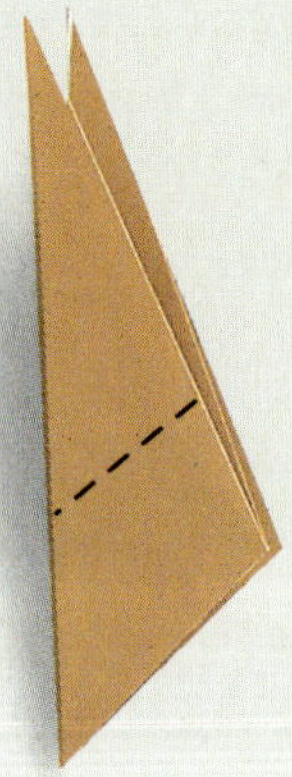

8. Replier la figure par le milieu, côté ouvert vers l'extérieur. Retourner la figure. Suivant le pointillé rabattre l'aile du dessus vers la droite et celle du dessous...

9. ... vers la gauche. Ce sont les bras. Replier leur partie supérieure sur leur base. Suivant le pointillé, ...

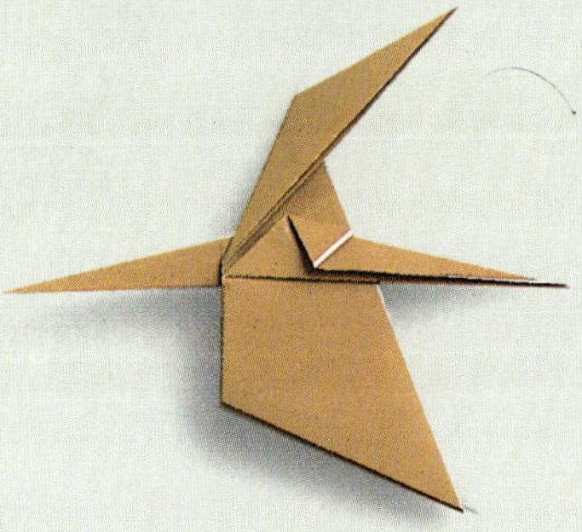

10. ... replier vers la droite.

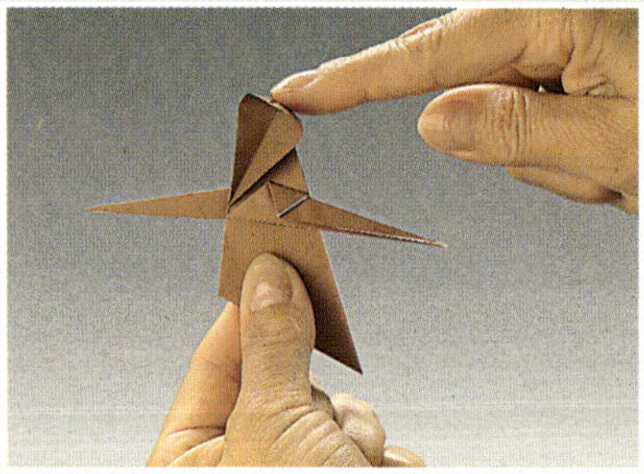

11. Ouvrir la pointe et l'aplatir. C'est la tête.

12. Faire trois pliures parallèles sur la tête, une sur chaque bras.

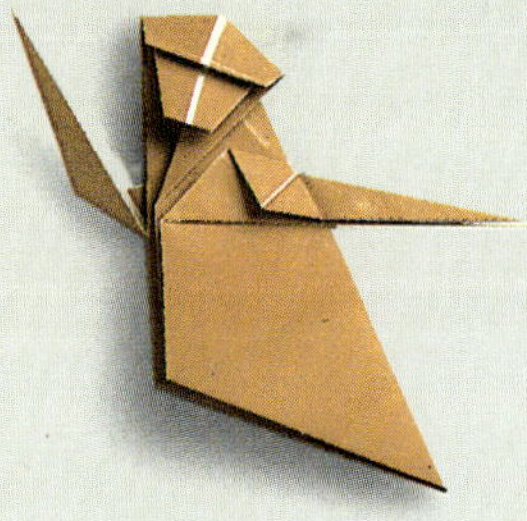

13. Redresser le bras droit et faire une pliure au gauche. Alterner les pliures de la tête vers l'intérieur et l'extérieur.

14. Ouvrir légèrement l'aile du bras gauche, ...

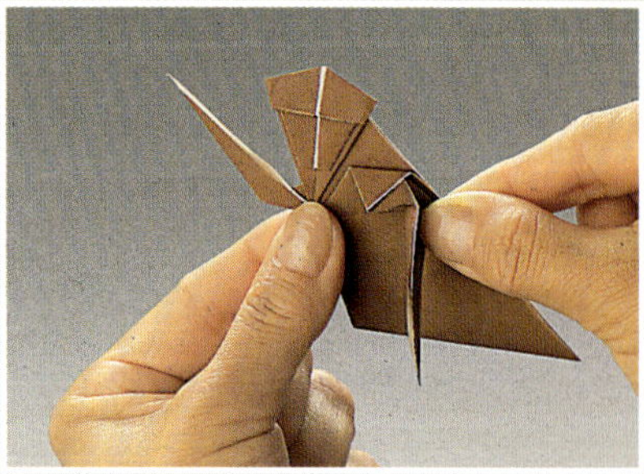

15. ... puis le replier par l'intérieur, sur sa pliure.

16. Procéder de la même façon avec le bras droit, vers le haut.

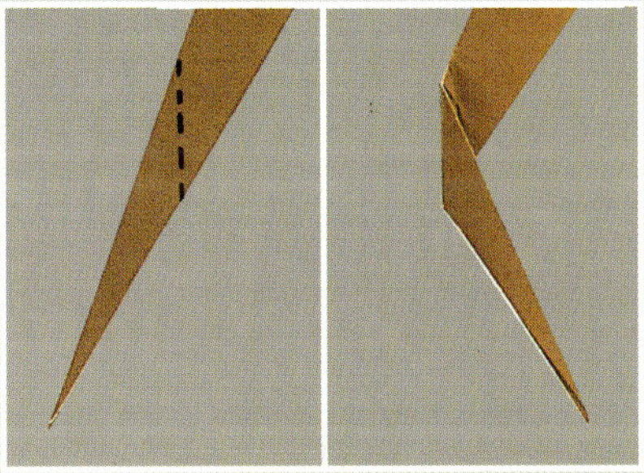

17. Effectuer une pliure à la pointe du bras gauche, ...

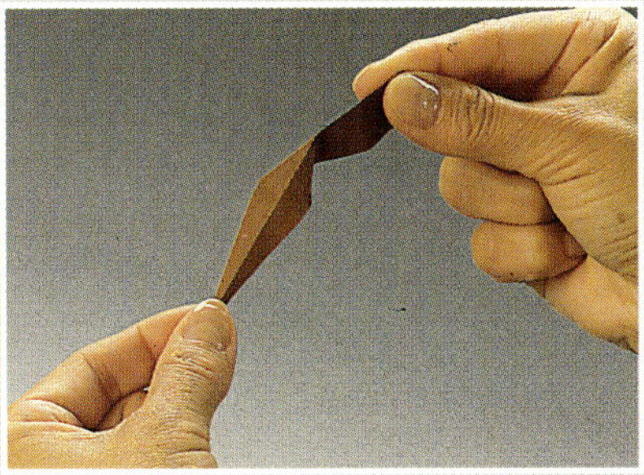

18. ... puis l'ouvrir sur sa pliure. Elle prend la forme d'un losange.

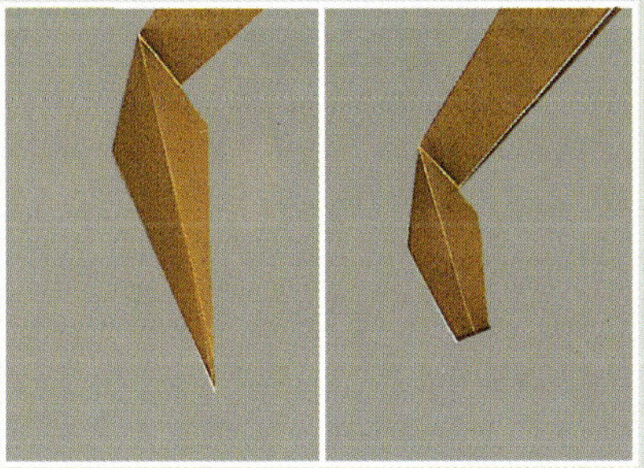

19. La tirer légèrement vers la droite et aplatir. Rabattre le bout de la pointe vers l'intérieur.

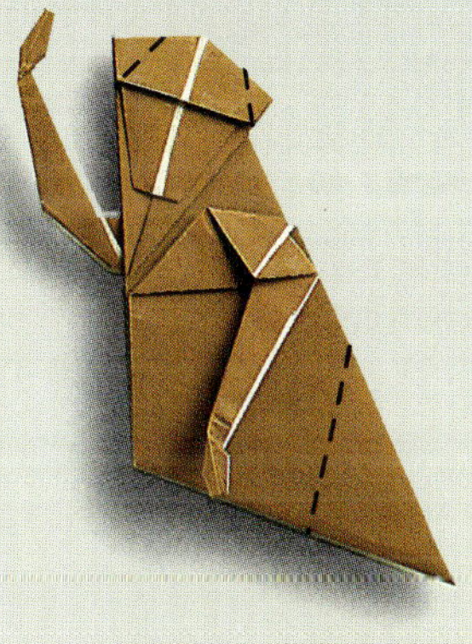

20. Procéder de même avec la main droite. Rabattre, suivant les pointillés, les deux angles de la tête. Puis replier, suivant les pointillés, l'angle de droite...

21. ... vers l'avant.

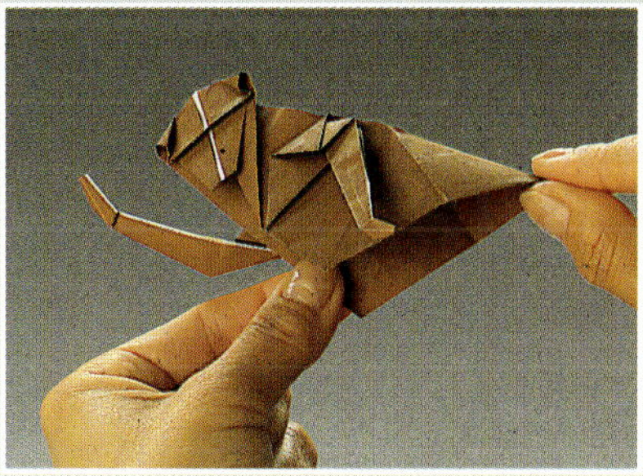

22. Rouvrir cette dernière pliure.

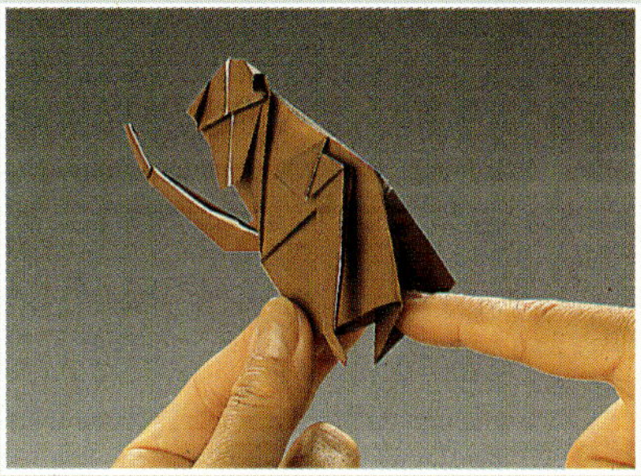

23. Rabattre vers l'intérieur.

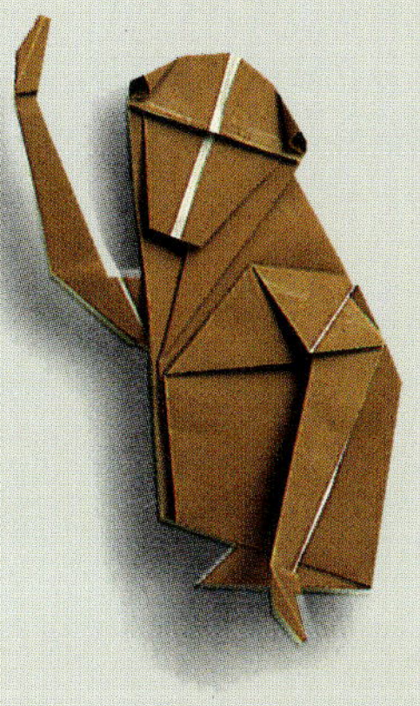

24. Arrondir les oreilles.

Le singe est terminé.

Cartes de visite

Avec papillon (pages 42-43)

Avec étoiles (pages 68-69)

Avec un bébé singe (page 17)

Modèle fantaisie

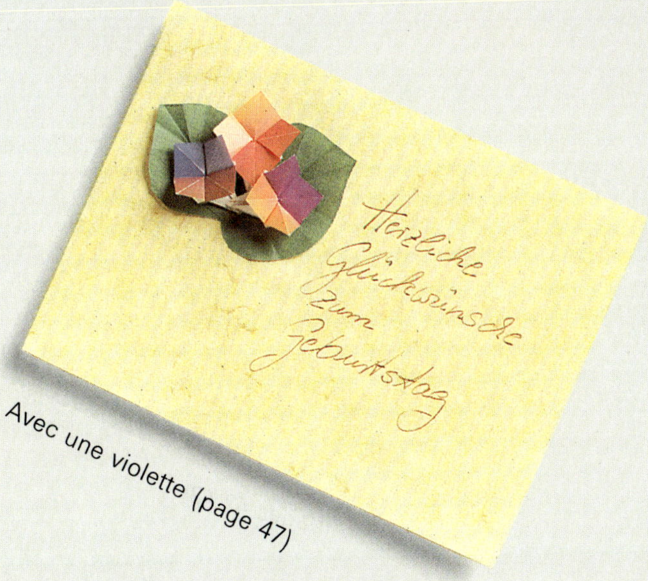

Avec une violette (page 47)

Avec photo encadrée (page 39)

Avec un paon (pages 18-19)